国家出版基金项目
"十四五"时期国家重点出版物出版专项规划项目

国家出版基金项目
NATIONAL PLBLICATION FOUNDATION

高速铁路基础研究与技术创新丛书

高铁运营与经济系列

高速铁路社会效益研究

——基于时空经济分析

本丛书编委会　总主编
李红昌　夏璇璇　著
林晓言　主　审

中国铁道出版社有限公司

2022年·北　京

内容简介

本书为“高速铁路基础研究与技术创新丛书”之分册。内容基于国家社会科学基金重点项目“支撑全面建设社会主义现代化国家的交通强国实现路径研究”(21AZD019)的研究成果和作者长期相关研究积累，在北京交通大学经济管理学院荣朝和教授开创的运输化理论和具有时空经济特色的运输经济基础性分析框架基础上，分析高速铁路社会效益的多维度影响及作用机制，对高速铁路社会效益影响进行了案例性、模型性、调查性和政策性分析。本书归纳与论述了高速铁路社会效益相关的定量研究方法，深入探究了高速铁路对政治、技术、社会、环境等方面的影响，系统分析了国家政策对高速铁路带来的社会效益影响。

本书适合铁路科研院所相关科研人员、铁路中高层管理人员、高校相关专业师生参考。

图书在版编目(CIP)数据

高速铁路社会效益研究：基于时空经济分析/李红昌，夏璇璇著．—北京：中国铁道出版社有限公司，2022.4
(高速铁路基础研究与技术创新丛书. 高铁运营与经济系列)
“十四五”时期国家重点出版物出版专项规划项目
ISBN 978-7-113-28942-3

Ⅰ.①高…　Ⅱ.①李…　②夏…　Ⅲ.①高速铁路-铁路运输发展-经济效益-研究-中国　Ⅳ.①F532.3

中国版本图书馆 CIP 数据核字(2022)第 037533 号

书　　名：高速铁路社会效益研究——基于时空经济分析
作　　者：李红昌　夏璇璇

策　　划：李小军
责任编辑：薛丽娜　　　**编辑部电话：**(010)51873023
编辑助理：鹿金炜　曾丽辰
封面设计：高博越　崔丽芳　　**封面摄影：**王明柱　　**丛书标识设计：**崔丽芳
责任校对：孙　玫
责任印制：高春晓

出版发行：中国铁道出版社有限公司(100054，北京市西城区右安门西街 8 号)
网　　址：http://www.tdpress.com
印　　刷：北京联兴盛业印刷股份有限公司
版　　次：2022 年 4 月第 1 版　2022 年 4 月第 1 次印刷
开　　本：787 mm×1 092 mm 1/16　**印张：**8.75　**字数：**164 千
书　　号：ISBN 978-7-113-28942-3
定　　价：65.00 元

高速铁路基础研究与技术创新丛书

编　辑　组

序

我国高速铁路起步晚、发展快、后劲足，经过几代人的不懈努力，通过原始创新、集成创新、引进消化吸收再创新，成功地走出了一条符合中国国情路情、具有中国特色的自主创新之路。我国已系统掌握各种复杂地质和气候条件下高速铁路建造成套技术；在工务工程、列车运行控制、牵引供电、动车组等高速铁路核心技术方面实现自主化；形成了复杂路网条件下处理跨线运行的运营管理成套技术，构建了人防、物防、技防三位一体的主动安全保障机制。我国已成为全球高速铁路运营里程最长、在建规模最大、运营速度最快、技术体系最全、运营和管理经验最丰富的国家。我国高速铁路技术已走在世界前列，成为推动世界高速铁路发展的重要力量。

为贯彻落实中共中央、国务院《交通强国建设纲要》，推进国铁集团《新时代交通强国铁路先行规划纲要》的落地，系统总结、梳理我国高速铁路各领域前沿理论和技术，向我国乃至世界高速铁路科研工作者和工程技术人员提供一套前沿性的参考书，中国国家铁路集团有限公司铁道出版社公司特组织编著出版"高速铁路基础研究与技术创新丛书"。

丛书以习近平新时代中国特色社会主义思想为指导，以国家自然科学基金课题、国家基金委-国铁集团高铁联合基金课题、国家"973"课题、国家重点研发计划课题等科研成果为支撑，从高速铁路前沿研究、补短板技术、核心技术、技术发展趋势等方向组织选题，涵盖动车组、供电、通信与信号、列控与检测、工程勘察与设计、智能建造、运营与管理、现代信息技术、安全和维护等领域，规模为100册，是全面系统论述我国高速铁路基础研究与技术创新成就的大型系列原创性科技著作。

丛书力求突出制高点、原创性、权威性、全覆盖特色。丛书各册内容以作者团队长期从事高速铁路科学研究的成果为依托，多数成果居于国内领先水平甚至世界先进水平，多种成果荣获国家科学技术奖一等奖、二等奖，国家技术发明奖一等奖、二等奖，茅以升科学技术奖，詹天佑铁道科学技术奖，铁道科技进步奖等奖项，丛书内容体现了我国当今最新、最前沿以及展现未来发展趋势的高速铁路相关研究成果和应用技术。丛书包括动车组、供电、工程施工与组织等十个系列，基本实现高速铁路各领域全覆盖。

丛书由编委会总负责。编委会阵容强大，认真负责。编委会各成员都是长期从事我国高速铁路科研、技术、生产和管理的一流专家学者，是所从事领域的翘楚，其中包括高速铁路及其相关领域的四位院士。编委会多次开会商讨丛书的体系、内容特色、作者条件及质量保障机制；分工负责，精心审订和修改各册编写提纲；多次遴选选题，先从 150 多个选题意向中遴选出 100 个选题，后又剔除了内容特色不太鲜明的 8 个选题，还对 10 多个选题提出了较大的改进意见，补充了 8 个关键技术和弥补技术空白的选题；最后邀请专人对各册内容进行审定，从而保证了各册内容的正确性和先进性。

2021 年年底，国家新闻出版署经过严格评审，“高速铁路基础研究与技术创新丛书”(100 册)成功入选“‘十四五’时期国家重点出版物出版专项规划——重大出版工程”。这是对本丛书项目的认可，也是对编委会、作者和编辑等人员前期工作的认可，更是一种鞭策。我们相信，本丛书的出版，将助力于《交通强国建设纲要》的贯彻落实，推动我国乃至世界高速铁路事业的发展，也将为铁路领域的科研工作者、工程技术人员、管理人员，以及高校相关专业师生提供一套高水平、原创性、权威性、全覆盖的大型高铁科技精品著作。

中国工程院院士

“高速铁路基础研究与技术创新丛书”编委会主任

2022 年 2 月

前　言

本书为“高速铁路基础研究与技术创新丛书”之分册，按丛书要求，力图体现高速铁路社会效益研究的制高点、前沿性、原创性特色。

运输是实现人和物空间位移的活动，因此对作为商品的运输服务，可以着重从需求群体进行分析。高速铁路的开通，为具有出行需求的消费者提供了一个全新的选择。因此，高速铁路的出现必将对其他运输方式的需求群体产生替代影响，必然会与其他交通运输方式产生竞争与互补。随着我国“交通强国”战略和高速铁路“八纵八横”发展规划的不断实施，在我国整体交通运输网络的构建战略体系中，如何将高速铁路整体社会效益最大化，探究其内在动力机制将是具有重大战略意义的研究课题。

本书内容基于国家社会科学基金重点项目“支撑全面建设社会主义现代化国家的交通强国实现路径研究”(21AZD019)的研究成果和作者长期相关研究积累。

首先，本书归纳与阐述了高速铁路社会效益相关的定量研究方法。对需求群体及供给方社会效益影响的研究，将对我国“交通强国”战略，乃至国家综合立体交通网的构建提供更好的参考依据。中华人民共和国交通运输部于2021年提出了《国家综合立体交通网规划纲要》，纲要指出，我国交通运输发展还存在一些短板，不平衡不充分问题仍然突出。综合交通网络布局仍需完善，结构有待优化，互联互通和网络韧性还需增强；综合交通统筹融合亟待加强，资源集约利用水平有待提高，交通运输与相关产业协同融合尚需深化，全产业链支撑能力仍需提升；综合交通发展质量效率和服务水平不高，现代物流体系有待完善，科技创新能力、安全智慧绿色发展水平还要进一步提高；交通运输重点领域关键环节改革任务仍然艰巨。因此也同样期待未来研究者在该领域能够通过定量研究的方式，为我国交通运输整体规划提出可行性政策参考建议。

其次，本书深入探究了高速铁路对政治、经济、技术、社会、环境等方面的影响。高速铁路在我国不仅仅是一种运输方式，同时也是“交通强国”战略中重要的一环。作为中国新的国家名片，高速铁路不仅反映了中国铁路先进的技术，也反映了中国不断提升的综合国力。在“一带一路”倡议下，高速铁路的影响不断延伸，与全世界共享高速铁路的发展红利。与此同时，高速铁路的快速发展对沿线城市乃至国家的社会、经济、技术、环境发展都会产生深远的影响。因此高速铁路对政治、经济、技术发展，环境可持续，社会进步的影响是一个值得深入研究的课题。

第三，本书系统分析了国家政策对高速铁路带来的社会效益影响。中国高速铁路作为一项战略性新兴产业，近年来得到快速的发展，这离不开国家政策的大力支持。政府部门陆续出台了多项政策支持高速铁路的发展，《铁路十三五发展规划》《中长期铁路网规划(2016 年调整)》《交通强国建设纲要》《新时代交通强国铁路先行规划纲要》等产业政策为高速铁路行业的发展指明了前进的方向，为企业提供了良好的生产经营环境。2019 年国务院颁发《交通强国建设纲要》，提出到 2035 年基本建成交通强国。现代化综合交通体系基本形成，人民满意度明显提高，支撑国家现代化建设能力显著增强；拥有发达的快速网、完善的干线网、广泛的基础网，城乡区域交通协调发展达到新高度；基本形成"全国 123 出行交通圈"和"全球 123 快货物流圈"，旅客联程运输便捷顺畅，货物多式联运高效经济；智能、平安、绿色、共享交通发展水平明显提高。到 21 世纪中叶，全面建成人民满意、保障有力、世界前列的交通强国。

总之，我国以高速铁路发展战略为核心，以各类交通政策、规划政策与土地政策为羽翼，共同助力高速铁路的蓬勃发展。但目前研究各类政策对高速铁路带来的社会效益影响的相关文献还有待丰富。期待未来能够有更多学者在前人和本书总结的相关理论方法基础之上，进行更加广泛深入的理论论证和实证研究。这对于立足中国国情，体现中国制度优势，讲好中国故事，具有十分重大的理论和实践意义。

本书的特色是，在北京交通大学经济管理学院荣朝和教授开创的运输化理论和具有时空经济特色的运输经济基础性分析框架基础上，分析了高速社会效益的多维度影响及作用机制，对高速铁路社会效益影响进行了案例性、模型性、调查性和政策性分析。本书由北京交通大学李红昌、夏璇璇著，北京交通大学林晓言主审，中国铁道科学研究院集团有限公司标准计量研究所郭晓黎参与第二章和第四章的撰写工作，李俊儒、葛菁诏、丰常安、侯远舟等参加相关资料收集、文献整理、稿件校订等工作。本书是在参阅国内外大量文献资料的基础上完成的，在此向所有文献资料作者和关心此书出版的学者、专家表示衷心感谢！

限于作者的理论水平和实践经验，书中不妥和错误之处在所难免，恳请读者批评指正，不胜感激！

著　者

2021 年 12 月

目　　录

第1章 绪　　论

本章对高速铁路国内外发展状况进行了介绍，特别是对我国高速铁路的快速发展进行了说明；对高速铁路社会效益对普通旅客、运输结构、经济社会等影响维度进行了阐释；在交通运输社会效益重要性的基础上，总结了高速铁路社会效益研究有待进一步拓展的研究空间、研究领域和研究方向。

1.1 高速铁路国内外发展状况

1.1.1 国外高速铁路的发展概况

1825年，英国修建了从斯托克顿—达林顿21 km长的铁路，这是世界上第一条蒸汽机车牵引的铁路。它的出现标志着近代铁路运输业的开端，使陆上交通运输迈入了以蒸汽机为动力的新纪元。在其后的一百余年间，铁路与公路、水运展开激烈竞争，曾一度承担了世界上80%的客货运输量，对世界经济发展产生了深远影响。直到20世纪30年代，随着汽车行业生产技术的进步，以及高速公路在世界的普及、蔓延，铁路在与公路的竞争中逐渐处于下风。到20世纪60年代，随着电子通信技术的发展，冶金技术、自动化技术的进步，以及行车集中调度的深入实践，基于电力技术牵引的高速列车横空出世，使得铁路迎来了新的发展浪潮。

1. 日本

值得注意的是，日本的高速铁路建设走的是消化吸收再创新以及集成创新的道路，日本铁路在发展初期主要是引进英国、美国、德国等西方国家的先进机车，然后进行模仿制造，进而设计创新。日本新干线推开了世界高速铁路建设的大门，新干线长度仅为日本铁路里程总长的10%左右，但其运输量占总运输量的30%，创造的收入占铁路总收入的40%。日本是世界上最早开通高速铁路的国家，其高速铁路发展有着悠久的历史，技术先进成熟，相比其他国家，日本新干线主要有以下几大鲜明的特点：

(1)运行方式特别。新干线上运行的高速列车为动力分散方式，而不是传统的用机车头进行牵引。通俗来说，就是列车的动力被分散到了各节车厢。传统的机车是以较少的驱动轮带动列车前行，新干线上运行的高速列车采用动力分散方式，由于以每节车厢的车轴作为驱动，所以车厢的轴重大大减轻，在加减速方面具有优势，同时亦能保证在大坡度线路上的平稳行驶，噪声和振动也因此降低，旅行舒适性也得到有效地提升。新干线上运行的高速列车制动系统也很先进，可以将制动的巨大动能向电能转换，从而能节省能源，减少耗电，使运行效率提高。

(2)安全系统优异。新干线在东京和大阪段设有一种中央控制系统，可以对各条线路上奔驰的高速列车实行监视与远距离控制，每条线路还有"ATC"装置，这种装置可以将前方列车位置、路轨状态等转为特定频率电流，进而自动调整行驶速度或者及时停止。我们都知道日本是一个地震频发的国家，所以早在 1992 年，新干线便引入了紧急地震检测和警报系统，高速列车能够在发生地震时自动制动，提升列车的安全性。

(3)客运效率极高。新干线的客运能力之强在世界范围内有目共睹，例如，东海道新干线开通运行时每日客运量为 6 万人次，10 年便翻成 5 倍，达到了 30 万人次，全国 8 条新干线每天客运量达 75 万人次，线路有限的情况下客流量如此之大，使日本早早便研发出了综合自动售票系统，历经多年的不断优化，每天可处理 160 万张车票，基本无差错。

总的来说，综合以上三大方面，背后体现的是日本成熟的技术和独立生产能力，由于长期且扎实的实用经验，新干线在安全性和稳定性上久负盛名。

2. 法国

法国是第二个发展高速铁路的国家，同样有其鲜明的特点。

(1)速度。说到法国的 TGV 列车，避不开的便是其速度，作为全球最快的高速列车之一，TGV 列车(TGV-R、TGV-D 和 TGV-POS)的商业营运最高速度达 320 km/h，最高试验速度则可以达到 574 km/h。法国高速铁路有着轮轨列车"全球第一速"的美誉。

(2)技术精湛。例如，继承了 TGV 列车的 AGV 列车使用了如今世界高速列车中唯一采用的铰接式车体连接方式，简单来说，不同于其他的高速列车，法国高速列车相连车厢间是以半刚性横向机械进行连接的，进而在高速列车恶性运行情况下，能够有效避免列车脱轨、列车解体等事故发生。

3. 德国

相较法国，德国高速铁路虽然起步较晚，但后来者居上，有着自身独特的地方。德国高速列车(ICE)被称为德国铁路公司的旗舰高速列车，遍布德国全国各地。德国高速铁路包括以下特点：

(1)方便。ICE 列车连通了德国境内的多数大城市，包括德国的汉堡、慕尼黑、柏林、法兰克福、斯图加特、科隆、杜塞尔多夫等城市。同时德国高速铁路最高时速可达 300 公里，发车间隔也较短，每小时都有列车发车。

(2)节能。德国一向注重节能环保，德国的高速铁路也体现了这一理念。在德国，虽然高速公路与民用航空十分发达，政府还是斥巨资兴建高速铁路。这主要是因为从整个国家的能源战略高度考虑，德国第三代高速列车相比较汽车和飞机更节能。按照德国联邦铁路公司的计算，在载客率为50%的情境下，ICE-3系列后的列车每人每百公里消耗的能源不到2 L汽油。以汉堡—柏林为例，乘火车通勤时间为1.5 h，所需时间比汽车少1倍。高速铁路在半满员的情况下，每位乘客整个旅程耗费的能源平均不及8 L汽油，但汽车平均需要27 L以上汽油。

4. 其他国家高速铁路

(1)意大利高速铁路为“客货混运”模式，在线运行的列车有中长途高速列车、常速列车以及快速货物列车。

(2)西班牙高速铁路主要采用宽轨(轨距1 668 mm)，部分采用窄轨(轨距1 000 mm)，2009年马德里—巴塞罗那高速铁路正式运营通车，最高时速可达350 km，采用的是标准轨距。西班牙铁路部门规划了庞大的高速铁路网的建设，主要以马德里为中心放射性修建主要高速铁路干线。

(3)瑞典、英国等国在既有线线路状态较好的前提下，铁路运输组织模式采用改造既有线、不建新线的方法，通过开行摆式列车来提高列车运行速度。

总之，世界各国都认识到，修建高速铁路对整个经济社会的发展具有很大的推动作用。高速铁路的技术创新也正在向相关领域辐射和发展，形成了适合各自国家需要的多种运输组织模式。

1.1.2 中国高速铁路的快速发展

1. 中国高速铁路的发展历程

早在20世纪80年代，高速铁路就引起了我国相关部门的关注，并开始规划打造致力于基础研究与技术开发的铁路国家重点实验室，批准筹建450 km/h高速列车试验台。20世纪末期，中国高速铁路步入自主探索阶段，中国高速铁路将“列车提速”视为战略规划，重点攻关高速铁路的设计建造技术、高速列车以及运营管理的基础理论与核心技术，对广深铁路进行了提速改造，修建了秦沈客运专线，为中国高速铁路奠定了坚实基础。

中国高速铁路的成熟始于21世纪初期，立足于国际经验，充分整合、利用企学研等各方资源优势，通过引进国外动车组进行技术攻关，在原有基础上消化、吸收并进行自主创新。2007年的第六次铁路大提速意味着中国铁路跨入高速时代，京津城际铁路于2008年开通运营，2009年正式运行的武广高速铁路成为世界上首条运营里程超过1 000 km的高速铁路干线，随后陆续开通京沪高速铁路、京广高速铁路等线路。

经过大规模的投资建设，至2013年，中国高速铁路运营总里程突破1万km，约占世界高速铁路运营里程的45%。与此同时，中国高速铁路步入自主创新阶段，高速转向架与牵引动力及其控制成为技术研发的重中之重。中国高速铁路的迅猛发展依赖于多学科交叉，取得了多方面的突破性进展:成功自主研发运营时速 350 km 的“复兴号”动车组，建立并应用高速列车耦合大系统动力学，以及高速列车再现时景的实验设备。

目前，中国高速铁路已取得举世瞩目的伟大成就，京津、京广、京沪、沪昆、兰新、哈大等高速铁路干线交叉覆盖形成高速铁路网，完善的高速铁路标准体系充分体现出中国高速铁路在技术、安全、性价比等方面的显著优势。

2. 中国高速铁路发展规划

(1)《中长期铁路网规划》

2016 年 7 月，国务院批准了《中长期铁路网规划》。根据此规划，“十三五”期间中国计划完善高速铁路网络，形成“八纵八横”主通道，并在此基础上规划高速铁路的区域连接线路，进一步完善并扩大铁路网的覆盖范围。

①构筑“八纵八横”高速铁路主通道。“八纵”通道为沿海通道、京沪通道、京港(台)通道、京哈—京港澳通道、呼南通道、京昆通道、包(银)海通道、兰(西)广通道;“八横”通道为绥满通道、京兰通道、青银通道、陆桥通道、沿江通道、沪昆通道、厦渝通道、广昆通道。

②拓展区域铁路连接线。在“八纵八横”主通道的基础上，规划建设东部地区、东北地区、中部地区、西部地区高速铁路区域连接线，进一步完善铁路网、扩大覆盖。

③发展城际客运铁路。在优先利用高速铁路、普速铁路开行城际列车服务城际功能的同时，规划建设支撑和引领新型城镇化发展、有效连接大中城市与中心城镇、服务通勤功能的城市群城际客运铁路。京津冀、长三角、珠三角、长江中游、成渝、中原、山东半岛等城市群，建成城际铁路网;海峡西岸、哈长、辽中南、关中、北部湾等城市群，建成城际铁路骨架网;滇中、黔中、天山北坡、宁夏沿黄、呼包鄂榆等城市群，建成城际铁路骨干通道。

(2)《新时代交通强国铁路先行规划纲要》

2020 年 8 月，中国国家铁路集团有限公司正式印发实施《新时代交通强国铁路先行规划纲要》。《新时代交通强国铁路先行规划纲要》中提出:构建现代高效的高速铁路网。贯通高速铁路主通道，优化提升高速铁路通道网络功能和级配结构。科学有序推进区域性高速铁路建设，扩大高速铁路网覆盖范围。适时推进既有高速铁路通道的平行线路建设，强化繁忙高速铁路主通道能力。建成以高速铁路主通道为骨架、区域性高速铁路衔接延伸的发达高速铁路网，构建快速综合交通网的主骨架。

3. 智能高速铁路

2018 年 2 月 26 日，中国工程院院士丁荣军在国务院新闻办公室召开的新闻发布会上做了这样的描述:“中国正在开发 400 km 时速的变轨距列车、600 km 时速的下一代磁悬浮列车也在进行研究。”随后开始了“高速铁路智能关键技术综合试验”，这也是第一次，智能高铁这个字眼出现在大众的认知中。智能高铁即采用大数据、互联网、人工智能、云计算、卫星技术等先进技术，将新一代信息技术融入高速铁路的建设当中，实现高速铁路智能化建设、智能化装备和智能化运营管理水平的全面提升。进入新时代，智能技术取得了突破性的进展，各行业都开启了利用智能化高新技术改造传统行业的进程，铁路如何提升运输组织效率，准确地掌握用户需求，实现风险隐患的自动排查，提升设备的精细化管理，全面提高管理效率并降低管理成本，都是有待解决的问题。

智能高铁的总体组成可以用“1＋3”来概括，“1”是指一个核心，就是智能高铁的核心控制平台；“3”指的是三个组成部分，包括智能建造、智能装备和智能运营。智能高铁的核心控制平台就是实现智能建造、智能装备和智能运营三个部分互联互通、相互连接的一个中枢系统。它能够将其他部分产生、获取的数据进行高水平、跨行业、多维度的智能分析和诊断，然后提出相应问题得到决策方案。

智能建造是以 BIM＋GIS 技术为核心，将大数据、互联网、云计算等技术与工程建造相结合，推动高速铁路建设走向信息化、数字化、智能化。

智能装备是指基于自动驾驶、故障诊断、健康管理(PHM)等技术，实现建成高速铁路基础设施在运行过程中的自我感知、自我诊断、自我适应、自我修复；实现铁路、通信信号等基础设施在设备生命周期中的精细化管理以及优化配置，保持基础设施的最佳使用状态。

智能运营的实现包括在乘客购票、候车、进出站方面提供全方位智能化服务；在设备运营方面实现全方位检测；在安全通过感知技术实现故障的提前预知和预警；在运营方面科学有效的对市场进行分析，实现票价的动态化制定。

就目前智能高铁的成果来看，据 2022 年 1 月 6 日新华社北京报道，在中国首条建成投用的智能高铁——京张高铁，身披“瑞雪迎春”涂装的北京冬奥列车正式上线。据介绍，北京冬奥列车全部使用时速 350 km“复兴号”动车组开行，并配备 5G 超高清演播室。列车融合“高铁＋5G＋4K”技术，打造世界首个高铁 5G 超高清奥运演播室，实现 5G 高清赛事直播，具备 6 个频道 4K 直播能力。在科技智能方面，列车不仅具有自动驾驶功能，还融合动力电池及辅助驾驶技术，实现智能应急走行，开启世界先河。

4. 中国高速铁路“走出去”

2009 年，中国与俄罗斯签订高速铁路发展备忘录，中国铁道部与美国通用电气公司达成合作意向，初步形成中国高速铁路出口的三大战略发展路线：欧亚高铁、中亚高铁以及泛亚铁路。2012 年，中国与伊朗签订协议，参建德黑兰铁路项目。进入 2013 年，中国高速铁路“走出去”真正进入全面发展阶段。而 2013 年恰是中国政府提出“一带一路”倡议之年，它为中国高速铁路进一步开拓国际市场提供了有力的政策支持，由此中国高速铁路“走出去”步入实质推进阶段。2019 年，中国铁路企业已与约 30 个国家合作洽谈了约 6 000 km 海外高速铁路项目。中老铁路、雅万高速铁路、中泰铁路、匈塞铁路等一系列标志性高速铁路合作项目取得了良好进展，说明中国高速铁路“走出去”已成为助推“一带一路”的重要引擎。

据央视网 2021 年 9 月 12 日报道，印尼雅万高速铁路所需的 3.8 万 t 钢轨全部发运完毕，为印尼雅万高速铁路建成投产奠定坚实的基础。雅万高速铁路工程项目是中国高速铁路全系统、全要素、全生产链走出国门的“第一单”，也是“一带一路”倡议的标志性工程。这条全长 142 km 的铁路将会连通印度尼西亚首都雅加达和著名旅游城市万隆，建成后将成为东南亚的第一条高速铁路，设计速度为 350 km/h，运行速度为 300 km/h。

中国高速铁路作为新时期中国“走出去”的崭新名片，向全世界展示了中国高端装备制造业的发展水平，有助于高速铁路产业加入全球经济循环、承接产业转移、促进重大装备的出口，逐步提高中国在亚非欧大陆尤其是中西亚地区、印度洋沿岸国家的影响力。中国高速铁路企业基于全球化战略，向相关国家输出高速铁路，转移中国高速铁路技术和品牌，对中国高科技产业转移起到了引领作用，也将带动一大批与之配套的高科技产业腾飞，有助于“中国制造”向“中国创造”的历史性转变，推进中国标准走向世界。

1.1.3 高速铁路发展的深远影响

1. 国内影响

高速铁路具有国际性和时代性的特点，自改革开放以来，高速铁路的发展已成为影响中国区域格局变化的重要因素，在政治、经济、技术、社会、综合交通方式等领域都有着至关重要的影响。

从政治的角度看，中国高速铁路建设运营的成功促使外交更加频繁，以推动中国高速铁路向东南亚和中亚周边国家的推广。

从经济的角度看，高速铁路的发展已经成为中国交通基础设施政策的核心特征之一，特别是在经济发达地区，高速铁路在经济联系格局的发展中具有特殊的主导作用。高速铁路产生时空压缩效应，从而改变整个区域的空间布局，进而影响经济增长。高速铁路还可以加快城市化进程，促进制造业和服务业的发展。从短期来看，高速铁路发展刺激了经济增长，增加了建筑和制造业的就业机会，从长远来看，高速铁路网络可以增加可达性，改善铁路服务质量，降低服务成本。

从经济地理的角度来看，高速铁路通过降低运输成本来影响站点的可达性，然后最终影响经济增长。

在区域发展上，高速铁路可以改善城市体系，其区域体系中的区域极点和较小城市之间的联系良好，高速铁路促进了城市中心的构建，对城市规模的影响是多层次的。

高速铁路的建设对区域经济空间结构也产生了尤为重要的影响。高速铁路增加了区域的时空收缩，减少了区域间的阻力，为经济结构和空间结构提供了直接动力。

(1)高速铁路提升了外输内流客运能力。铁路部门往往会因为运输能力的制约而在客运高峰被迫采取“保客限货”策略,不利于货运市场的发展。随着高速铁路的不断建成,长期存在的客运高峰压力得到有效缓解,客货混跑的运输格局得以转变,铁路货运的规模和效益也因为线路空间的拓展而得到大幅提升。

(2)时间价值的获取。随着高速铁路线路的不断建成,客运时间成本在不断下降。铁路旅客运输的规模效益来自单位客运量时间成本的降低,而高速铁路客运所创造的社会效益也主要通过节约时间的方式来体现。

(3)高速铁路在获得更多时间效益的同时,必将使城市区域经济发展中心的作用得到进一步凸显。

(4)高速铁路提高区域可达性。所谓可达性,就是指由某一区位到达另一区位的便利程度,其水平高低主要取决于人的移动能力以及到达目的地的机会。高速铁路显著提高了城市外部和内部的可达性,这对经济联系格局有显著影响,高速铁路沿线城市之间的联系也明显增强。高速铁路对于沿线区域直接影响中最为突出的一点就是使区域内站点城市的可达性得到大幅提升,对处于高速铁路沿线城市的区域,经济的区位势能得到大幅提升,进而刺激区域经济的进一步发展。

2. 国际影响

国际上,随着中国高速铁路技术的不断发展,以及“一带一路”倡议的提出,中国高速铁路已经迈向世界,产生了深远的国际影响。近年来,中国高速铁路对外出口取得了显著的成效。例如,2013 年,中国南车四方股份公司获得总金额超过 34 亿元人民币的阿根廷电动车组采购合同;2015 年,中俄双方莫斯科—喀山高速铁路项目的勘察设计部分正式签约;2015 年 10 月,中国铁路总公司在印度尼西亚雅加达与印度尼西亚四家国有企业建立合伙企业,中国企业正式博得雅万高速铁路项目;2017 年,中泰铁路合作项目一期工程开工等。

近年来,随着中国铁路“走出去”,也带来一系列国际影响。

(1)帮助其他国家修建铁路,发挥了基础设施建设对经济增长的作用,带动了当地就业、推进了城镇化进程。

(2)有力推动了中国与其他国家进行产能合作。

2021 年 3 月 5 日,《2021 年国务院政府工作报告》中指出,要继续完成“三去一降一补”重要任务。“三去一降一补”即去产能、去库存、去杠杆、降成本、补短板五大任务。中国铁路“走出去”所推动的产能合作,可以帮助我国有效消化多余的产能,促进我国经济结构优化调整、升级转型、提质增效,更是为我国经济发展构建了新的发展空间和增长点,扩大了对外开放格局。同时,东道国经济也得到发展,实现了互利双赢。中国高铁“走出去”对我国高科技产业的示范引领,必将带动一系列高科技产业腾飞,使“中国制造”向“中国创造”迈出坚实一步。

1.2 高速铁路社会效益的影响维度

1.2.1 高速铁路对普通旅客影响

近年来,铁路社会效益影响已成为学者关注的热点话题之一。随着高速铁路线路的不断开通,选择高速铁路出行的人越来越多。高速铁路具有载客量高、耗时少、安全性好、能耗较低等优点,这给普通旅客出行带来更多的选择机会。有关高速铁路对普通旅客影响的研究主要集中以下两点。

1. 高速铁路影响了居民的出行行为和家庭生活

首先,随着中国高速铁路网络的不断完善,给当地居民带来了许多经济和社会效益。Hongsheng Chen 等人分析了高速铁路旅客的出行行为和家庭搬迁特点,并探讨高速铁路的社会效应。高速铁路的社会效应是指高铁车站开放后当地人的行为发生变化(如出行行为和家庭流动)。研究发现,高速铁路发展初期,旅客主要是年轻人、高学历、中等收入的人群。随着高速铁路的普及,这种高速铁路旅客的社会阶层差异逐渐消失,并且随着高速铁路网络的完善,家庭流动成为普遍现象,家庭流动性主要在大城市中表现明显,向邻近城市迁移。

其次,高速铁路线路的不断完善对家庭的生活和出行决策有重大影响。Hsiaoa 和 Yang 研究发现,乘坐高速列车旅行对之前习惯乘坐普速旅客列车出行的人更具吸引力。高速铁路不仅会通过改变当地经济和环境对人们的出行行为产生直接影响,而且还会对人们的其他行为产生间接影响。例如,高速铁路站点增加了地方的投资吸引力,进而影响了就业机会和房价,就业和住房又会进一步影响许多家庭搬迁住房的可能性。在美国,高速公路的修建会使美国家庭能够迁移到郊区,与此类似,高速铁路也会使得中国家庭调整生活选择。例如,在以城际铁路连接的广佛一体化城市区域,有很多家庭选择在佛山居住而在广州工作。在中国,如上海—苏州(昆山)、北京—天津、深圳—惠州等综合城市区域出现越来越多这样的状况。

2. 高速铁路影响了与其他交通方式之间乘客的分配

在许多国家,高速铁路被引入作为航空运输和其他交通方式的替代品。D'Alfonso 构建了高速铁路和民航的双头垄断模型,并分析了高速铁路和民航的竞争影响。Chiambaretto 和 Fernandez 发现提供低成本服务作为全面服务的替代选择,可以增加高速铁路的市场份额,并比长途大巴车和私家车更具有竞争力,特别是与低成本航空运输的潜在竞争,优势更加明显。欧洲铁路改革已经进行了 30 多年,引入了模式内竞争。然而,与 1987—1997 年的航空自由化相比,欧洲铁路行业的改革步伐相对缓慢,特别是在高速铁路市场。与民航不同,许多国家的铁路运营商是垄断者或寡头,他们主宰了市场资源,往往不愿引入更多竞争。

然而，随着高速铁路与航空运输业不可避免和日益激烈的竞争，预计更多的运营商将进入市场。因此，确定高速铁路运营商在利润、交通和社会效益方面的比较效应是有意义的。

1.2.2 高速铁路对运输结构影响

依据产业经济学的理论和研究方法，交通运输的产业结构可分为以下三个层次：

(1)宏观层次的交通运输产业结构，即交通运输和国民生产、流通、分配等各部门之间的结构关系，是从宏观角度来看运输业和国民经济之间的相互关系，是从整体分析交通运输业。

(2)中观层次的交通运输产业结构，亦称交通运输结构，指的是各种运输方式之间存在的结构关系，是立足于交通运输业的内部，研究各种运输方式的相互依存、制约和构成比例。例如，各类运输的客货运输比例，运输枢纽的布局以及交通线路网络的分布。

(3)微观层次的交通运输产业结构，即某种运输方式所包含的其中一项运输环节，是从某种运输方式内部出发，研究运输环节与运输对象之间的相互作用以及数量构成比。例如，同一运输形式下客货运量组成比等。

高速铁路对交通运输产业结构的影响，当前研究比较深入，主要包括以下两点：

1. 高速铁路与交通运输产业结构之间关系的研究

杜先汉对城际高速铁路的功能以及影响交通运输产业结构变化的因素进行探析，认为交通运输产业结构的组成成分有运力、布局、组织及经营结构。张雪梅对交通运输产业结构的基本特征及发展态势进行剖析，并结合京津城际铁路对周围的产业结构的作用，立足交通产业结构优化，对发展城际铁路的意义进行了肯定。金曙光等使用灰色关联分析法对 2012—2014 年宁波市交通运输产业结构开展了定量分析，建立了交通运输产业结构灰色模型。研究结果说明，宁波市已基本形成交通运输产业结构，但产业结构比重不均衡，产业结构间有着水平不高的相关性及互补性。王晖均分析了我国客运结构特点，比较了不同运输距离下各种运输方式的市场份额。结果表明，在运输距离小于 1 000 km 的条件下，高速铁路的竞争优势较强；在 1 000～1 300 km 区间内，高速铁路和民航运输竞争力旗鼓相当；当运输距离超过 1 300 km 时，民航就显示出很强的竞争力。来逢波等以山东省 2000—2017 年交通运输产业结构及区域产业结构有关数据为基础，比较分析得出经由科技进步及各类运输方式的协调配合，实现了运输结构与产业结构的匹配。

2. 高速铁路与公路及民航的运输结构研究

D'Alfonso 等对于高速铁路及民航运输业，构建了两者作用于环境及社会效益的双寡头竞争之博弈模型，分析得到高速铁路运营商为了达到压缩旅行时间的目的，会通过提高高速铁路运营速度来实现，当高速铁路运营速度提高到一定水平之前，由于高速铁路能够使用清洁电力能源和转移民航、公路和私家车等高碳排放量运输方式的运量，从而高速铁路的出现将使碳排放量整体水平下降。在企业竞争的影响下，高速铁路对区域环境的影响依赖于各类假设的实现。Nian 和 Zhang 等人对高速铁路和民航间的竞争作用于价格、数量及社会总效益的影响进行了研究，他们发现接驳费用一定时，民航客流量大的地域，压缩高速铁路和民航运输接驳的时间可以使社会总效益水平增加。

1.2.3 高速铁路对经济社会影响

近年来，高速铁路建设如火如荼，作为一种重要的出行方式，高速铁路与经济社会联系十分紧密，与之相关的理论层出不穷，总的来说，主要集中于以下两大方面。

1. 高速铁路对经济社会有着显著的正向影响

首先，高速铁路对经济增长会产生促进作用。徐玉萍立足于金融危机时金融状况，发现高速铁路可以从三方面促进经济发展，即拉动 GDP 增长、促使从业人数增加与提升内部资金流动性。陆军发现由于中国高速铁路已连接成网，中国城市的区域经济进一步重构了，也促使旧机制发生联动与重组。

其次，高速铁路的开通，提升了城市间的可达性，进而产生时空压缩效应，促使产业向中心地区集聚。众多专家学者的研究表明，高速铁路会对经济产生集聚效应。贾善铭等构建了经济集聚状态模型，对沿线城市的集聚效应进行了分析，得出沿线城市经济集聚效应显著增强，但对周边地区影响程度参差不齐的结论。史佳璐指出，高速铁路改变了济南原有的金融、商业、居住状态，区位优势引发了集聚效应，触发了产业布局的变化。李红昌立足可达性的变化，分析了集聚的机制变化引起的区域经济，运用 DID 构筑集聚经济的指标体系，通过评估模型评价了集聚效应，并认为高速铁路的集聚效应主要反映在中国的西部地区，有利于国家的均衡发展。

再者，高速铁路产生了良好的社会效益。高速铁路加快了人口流动，使运输成本进一步降低。高速铁路网支持区域经济腾飞和国家乡村振兴战略，改善了交通运输系统。Zhenhua Chen 选择 2002—2013 年中国经济及投资指数数据，对高速铁路投资对社会效益的影响进行研究，并得出结论，投资可以刺激社会效益的增长，包括由于投资增加产生的短期激励，以及由于成本降低导致产能增加所产生的长期影响。林晓言等研究了高速铁路沿线社会效用的影响，并探析了沿线社会效用与区域质量之间的关系。结论是，对于旅游型小城市，社会效用的增长最为显著，服务型大城市次之，工业中型城市次之。

2. 高速铁路对经济社会也有负向影响

Givoni 指出，对区域经济增长的促进是高速铁路运营初期的短期效应。影响区域经济增长的因素有很多，包括高速铁路的线路规划、环境影响以及投资融资等，边缘地区的经济增长在一段时间后会放缓。Preston、Wall 和 Hall 发现高速铁路将对边缘区域产生负面影响，发生“隧道效应”。它虽然使可达性提升了，但具有极化效应，不利于促进区域一体化。孙健韬运用面板数据模型，对相异的三种不同路线对区域经济的影响进行探析，发现对于大城市，其产业结构优化，城镇化率增加了，而对于中小城市，第二产业迅速发展，城镇化率降低了，“虹吸现象”显现，整体经济呈上升趋势。

由此可见，高速铁路不仅能够满足我国巨大的客运需求，而且对区域经济社会发展产生影响。大部分学者认为高速铁路会促进经济和社会的发展，也有部分学者认为高速铁路对中小城市的促进作用并不明显。一些研究表明，高速铁路可能会阻碍邻近城市的发展。高速铁路对沿途城市之经济社会发展呈现出“两面性”。对于某条高速铁路的开通，不是一下就能判断利弊的，而是要综合考虑、全面分析。

1.3　高速铁路社会效益探究

交通是人类利用地理状况的一种活动。中国古代有“天地交而万物通”的古语。正是交通的出现，促进了人与物在空间上的位移。为人类的生活带来了无穷的便利与可能。自远古时期以来，人类世界得以不断地扩展。时至今日，人类社会的联系已经遍布了地球的每个角落，这都是建立在交通发展的基础之上。因此，探究交通发展对人类社会的影响，一直是学者们热衷于探讨的问题。我国现代交通业从 20 世纪初开始起步。当时的交通建设对推动我国近代化进程起到了重要的作用。到今天为止，我国已经形成了铁路、公路、民航、水路、管道等互为关联的现代交通体系。

随着 19 世纪 20 年代效益经济学的诞生，经济学家逐渐开始从效益的视角，开始探讨经济对公民个人的影响。这也成为我们分析交通对经济生活乃至个人影响的重要角度。

效益，从消费者视角来看，简而言之，就是一个人获得的幸福或快乐，用更规范的经济学语言则可以表述为人们对获得自已希望得到的事物时所带来的满足。社会效益在当下已经成为重要的经济学概念，在不同的领域中都有着广泛的运用，交通运输领域也不例外。

运输经济学理论认为，交通运输的乘客社会效益，往往是由乘客的个人效益加总得来。乘客的个人效益则来源于参与运输的过程中享受到的交通运输服务以及其派生属性。其中包括最基本的位移、乘坐舒适度等。而交通运输中乘客效益的实现，其根本来源是运输最终带来的位移状态的完成。而这个过程中，运输时间的缩短则会大大增加乘客的个人效益，而运输价格的增加则会相应带来乘客个人效益的减少。一般而言，交通运输效益探究，都围绕这两类重要指标展开探究。当前我国正处在大力发展交通运输业的阶段，交通的发展对社会效益如何影响，成为研究者重点关注的问题。目前学者主要从以下两个方面探究交通对社会效益的影响：

(1)交通基础设施的建设或交通基础设施效率对于运输供需双方效益的影响；

(2)移动载运方式进入或者退出市场的市场变化对于运输供需双方效益影响的角度研究交通对社会效益的影响。

在过去的10多年里，我国高速铁路经历了从无到有，从逐渐起步到网络化运营的快速发展历程。时至今日，我国高速铁路在技术创新、移动装备、运营里程、旅客规模、运营管理、延伸服务等各方面，均实现了大幅度提升，已经成为世界高速铁路建设和运营中不可忽视的重要力量。在这种情况下，我国已有的综合交通体系必然受到巨大的冲击。在高速铁路、普速铁路、航空、公路等交通运输方式之间，消费者可以做出更加多样的选择。这对整个社会效益的影响如何，值得深入研究。其次，在高速铁路网络全面建设的背景下，普速铁路和民航的相应城市对班次有所减少，这对于消费者剩余的影响是增加还是减少？在这种情况下乘客所能选择的出行方式是更多样化了，还是被大大压缩了，对于这些问题，学术界和社会各界都有各自不同看法。一方面是对高速铁路开通后的出行多样性与便捷性大加赞赏，另一方面也存在认为高速铁路过度扩张带来了低效率，甚至出现"被高铁化"的声音。

但是不可否认的是，高速铁路的建设将为社会经济发展注入新的动能。国民经济的发展在高速铁路的促进下将迈上一个新的台阶。高速铁路尤其对城市化进程、同城效应和社会发展产生了重大的社会效益影响。在当下，社会效益更是有关社会公平与效率的重大经济学和运输经济学议题，也关系我国社会健康发展。随着我国社会主义事业进入新时代，党和国家提出交通强国和高质量发展战略。在这一时代背景下，研究高速铁路对社会效益的影响已然势在必行。

参考文献

[1] 彤新春. 从跟随到赶超：中国铁路技术进步的策略分析(1949—2019)[J]. 社会科学家，2020(7)：86-92.

[2] 左辅强. 日本新干线高速铁路发展历程及其文化特征研究[J]. 城市轨道交通研究，2012，15(11)：37-39.

[3] 佟立本. 铁道概论[M]. 8版. 北京：中国铁道出版社有限公司，2020.

[4] 卢春房. 中国高速铁路[M]. 北京：中国铁道出版社，2018.

[5] 申爱萍. 中国高铁载着"中国梦"一起腾飞[J]. 人民交通，2017(9)：56-59.

[6] 王同军. 中国智能高铁发展战略研究[J]. 中国铁路，2019(1)：9-14.

[7] 李芒，马岩峰，赵伟，等. "十四五"时期，中国高铁"走出去"面临的问题和应对建议[J]. 中小企业管理与科技，2021(23)：140-141.

[8] CHEN H S, SUN D Q, ZHU Z J, et al. The impact of high-speed rail on residents' travel behavior and household mobility: a case study of the Beijing-Shanghai line, China[J]. Sustainability, 2016, 8(11)：1187.

[9] HSIAO C H, YANG C. Predicting the travel intention to take high speed rail among college students[J]. Transportation research Part F: psychology and behaviour, 2010, 13(4):277-287.

[10] ANDERSSON D E, SHYR O F, FU J. Does high-speed rail accessibility influence residential property prices? Hedonic estimates from southern Taiwan[J]. Journal of transport geography, 2010, 18(1):166-174.

[11] CLARK W A V, WITHERS S D. Changing jobs and changing houses: mobility outcomes of employment transitions[J]. Journal of regional science, 2002, 39(4):653-673.

[12] MEYER J W, MICHELSON W. Environmental choice, human behavior, and residential satisfaction[J]. Geographical review, 1979, 69(3):366.

[13] LI Y, WU F, HAY I. City-region integration policies and their incongruous outcomes: the case of Shantou-Chaozhou-Jieyang city-region in east Guangdong Province, China[J]. Habitat international, 2015, 46:214-222.

[14] D'ALFONSO T,JIANG C M,BRACAGLIV. Would competition between air transport and high-speed rail benefit environment and social welfare? [J]. Transportation research Part B: Methodological, 2015,74 :118-137.

[15] CHIAMBARETTO P, FERNANDEZ A S. Transferring low-cost marketing practices from air to rail services: the ouigo case[J]. Research in transportation business and management, 2014, 10:40-44.

[16] DELAPLACE M, DOBRUSZKES F. From low-cost airlines to low-cost high-speed rail? The French case[J]. Transport policy, 2015, 38:73-85.

[17] 杜先汉. 城际高速铁路发展对交通产业结构优化影响[J]. 交通科技与经济,2010,12(4):32-34.

[18] 张雪梅. 交通产业结构优化与城际铁路发展探讨[J]. 西部交通科技,2012(3):93-96.

[19] 金曙光,汪小京,戴东生. 基于灰色关联理论的宁波市交通运输产业结构分析[J]. 交通运输研究,2016,2(6):1-6.

[20] 王晖军. 高速铁路发展对我国旅客运输结构的影响分析[J]. 铁道运输与经济,2014,36(5):40-43,53.

[21] 来逢波,袁翠,张秀惠,等. 运输结构调整与区域产业结构的协整关系及响应效应[J]. 综合运输,2018,40(12):109-117.

[22] ZHANG W, NIAN P, LYU G. A multimodal approach to assessing accessibility of a high-speed railway station[J]. Journal of transport geography,2016,54:91-101.

[23] 徐玉萍. 高速铁路建设促进区域经济发展问题研究[J]. 江西社会科学,2011,31(12):62-65.

[24] 陆军. 高铁时代的中国区域发展研究[J]. 人民论坛・学术前沿,2016(2):21-30.

[25] 贾善铭,覃成林. 国外高铁与区域经济发展研究动态[J]. 人文地理,2014,29(2):7-12.

[26] 史佳璐. 高速铁路对城市空间结构的影响研究[D]. 济南:山东师范大学,2015.

[27] 李红昌,Linda Tjia,胡顺香,等. 高速铁路与经济增长的因果关系:基于时空理论视角下中国省域面板数据的计量分析[J]. 长安大学学报(社会科学版),2016,18(4):31-43.

[28] CHENZ, HAYNES K E. Impact of high-speed rail on regional economic disparity in China[J]. Journal of transport geography, 2017, 65:80-91.

[29] 林晓言. 高速铁路与经济社会发展新格局[M]. 北京:社会科学文献出版社,2015.

[30] GIVONI M. Development and impact of the modern high-speed train: a review[J]. Transport reviews, 2006, 26(5):593-611.

[31] PRESTON J, WALL G. The ex-ante and ex-post economic and social impacts of the introduction of high-speed trains in south east England[J]. Planning practice and research, 2008, 23(3): 403-422.

[32] HALL D. Magic carpets and seamless webs: opportunities and constraints for high-speed trains in Europe[J]. Built environment, 2009, 35(1):59-69.

第2章 研究的基础理论

本章对社会效益的相关基础理论进行了综述，内容包括社会效益理论、高速铁路社会效益理论、公平效率理论、社会效益计量模型等。从总体上来看，对于交通运输社会效益的理论范畴、要素识别、边界界定和效益量化等，仍然有进一步研究空间。由于分析尺度不同、方法不同、要素不同，对交通时间价值、交通机会成本、交通外溢效益（正外部效益和负外部效益）以及在不同区域尺度、时间尺度上的效益贡献和分布等，在国内外有大量的前沿性研究成果基础上，也有进一步深化研究的空间。一方面，有关高速铁路社会效益的公平效率等理论研究有待进一步拓展；另一方面，有关高速铁路社会效益的客货运输和环境影响的量化研究日益重要。

2.1 社会效益理论

2.1.1 基本概念界定

社会效益（social benefit）也可以称作社会福利（social welfare）。社会效益分为广义社会效益和狭义社会效益。

广义社会效益是指改善广大社会成员物质和文化生活的一切措施，覆盖了已有的社会保障项目，以及住房、教育等未被覆盖的其他项目，是社会成员生活的良好状态。

狭义社会效益是指向困难群体提供的带有福利性的物质支持和服务支持，也可以称作社会福利。社会福利被使用之后，就会形成社会效益。

方福前等认为社会福利是幸福指数、个人的生活质量、发展潜能的综合反应。Barber认为社会福利包括医疗、社会、经济、教育等，是社会共同体的正常存在状态和集体幸福。Midgely认为社会福利是实现社会权利平等、调节社会问题等的制度安排，同时他认为社会福利是“当社会问题得到控制时，当人类需要得到满足时，当社会机会最大化时，人类正常存在的一种情况或状态”。美国1999年出版的《社会工作词典》对社会福利的定义为：第一，国家的项目、待遇和服务制度，它帮助人们满足社会的、经济的、教育的和医疗的需要，这些需要对维持一个社会来说是最基本的；第二，一个社会共同体的、集体的、幸福和正常的存在状态。美国著名学者查尔斯对于社会福利的观点是，社会福利本质目的是保证社会全体成员关于生活、健康、发展等需要的满足。而当仅靠家庭和市场的力量不足以满足这些需要时，社会提供的公共服务就变得重要了。因此，社会效益或社会福利，均是指社会群体或个体得到的改善其生活质量和状态的结果的统称。

2.1.2 国内文献综述

关于社会效益的研究，我国学者是从不同的角度来展开研究的，有针对社会改革的，有针对高速铁路和轨道交通的，还有从知识产权视角等来研究的。

李占乐介绍了改革开放后，国家与社会关系变化，得出在发展社会效益事业的过程中，国家与社会关系的标准是合作互制。史国山研究了市场机制融入社会效益事业的发展进程中，进而推动产业化发展。朱家庆分析了我国东中西部地区效益差异，发现区域内部差异远远大于区域间的差异，其中东部地区的区域内部差异程度最大，同时我国公共效益的发展还呈现二元化特征，提出了缩小差距的建议。包海花通过建立效益评价指标体系，比较了沿海地区和少数民族地区的效益发展水平，提出了提高效益发展水平的政策建议。陈阳通过耦合模型和面板模型说明了我国社会效益存在区域差异，各地应该充分发挥自身特征优势，完成经济方式转型，促进效益与经济的共同增长，缩小区域差异。胡志军建立了一个经济增长和收入分配影响社会效益的框架，通过实证分析表明 1985—2009 年我国总体、农村和城镇的基尼系数和社会效益水平都呈现上升趋势。

曾磊磊通过对京津冀 13 个城市进行分析，得出城市竞争力与社会效益水平成正相关关系，不同城市竞争力对社会效益的影响不同，其中基础设施竞争力与科技与开放竞争力对医疗效益和教育效益有显著影响。王新宇构建了高速铁路影响乘客社会效益的机理，采用了离散选择模型与 Logistic 模型分析了高速铁路对不同群体的社会效益影响，得出高速铁路对于乘客社会效益的总影响是正向的，高速铁路对不同偏好、不同时间价值的乘客影响不同，以及我国运输网络在不断发展，乘客社会效益总水平在逐年提高，提出了不同运输方式有序竞争和合理分工的建议。王琦珀基于理论模型和数值仿真，得出引入城市轨道交通可能损害社会效益，也可能增加社会效益，城市轨道交通的结构变化对社会效益的影响具有不确定性，因此，为了提高社会效益，需要不断完善城市公共交通的运作维度、功能维度和结构维度，同时他为多情景的城市公共交通企业提升社会效益提供了方法。

2.1.3 国外文献综述

谈到效益与社会效益，不得不提及效益经济学的产生和发展。学者对效益问题的关注早已有之，阿马蒂亚・森认为，效益经济学的渊源至少可以追溯到亚里士多德。王新宇整理的效益经济学主要思想流派及发展脉络见表 2-1。在 19 世纪 20 年代之前，亚里士多德认为对于个人，为什么活着怎样活着，是非常重要的问题；亚当・斯密的主要思想是利己主义的个人如何控制他自私的感情或行为，从而在市场经济社会中促进社会利益；耶利米・边沁的主要思想是人们行为的最终目的是快乐，因此决定行为是正义还是非正义的标准是快乐和痛苦；詹姆斯·穆勒认为人们道德行为的目的应该是个人自身效益的提高，在这样做时，人们只考虑他个人的效益，个人是他自身效益水平及效益变化最佳的、唯一的判断者。19 世纪 70 年代至 20 世纪初，门格尔、瓦尔拉斯加入了边际概念，使它与原有的效用概念相结合，形成了边际效用价值理论。

表 2-1　效益经济学主要思想流派及发展脉络

时间	学派	代表人物	主要思想	主要著作
19 世纪 20 年代之前	伦理学渊源	亚里士多德	对于个人，为什么活着怎样活着，是非常重要的问题	—
		亚当·斯密	利己主义的个人如何控制他自私的感情或行为，从而在市场经济社会中促进社会利益	道德情操论
	功利主义	耶利米·边沁	人们行为的最终目的是快乐，因此决定行为是正义还是非正义的标准是快乐和痛苦	道德与立法原理导论
	效用主义	詹姆斯·穆勒	人们道德行为的目的应该是个人自身效益的提高，在这样做时，人们只考虑他个人的效益，个人是他自身效益水平及效益变化最佳的、唯一的判断者	政治经济学要义
19 世纪 70 年代至 20 世纪初	边际主义革命	门格尔、瓦尔拉斯	引入了边际概念，使它与原有的效用概念相结合，形成了边际效用价值理论	国民经济学原理
20 世纪 20 年代	旧效益经济学	庇古	经济学是解决物质效益问题的，个人的效益可以用效用来表示，整个社会的效益应该是所有个人效用的简单加总。 使用物质效益或效用来表示个人效益概念。效用概念是客观性的，是可以度量的，而且可以进行一般人的人际间比较。 认为应该使整体效益总和达到最大	效益经济学（福利经济学）
20 世纪 30 年代和 40 年代	新效益经济学	罗宾斯	经济理论研究应当将价值判断排除理论研究之外，效用虽然是可衡量的，但不能在个人之间进行比较，福利经济学或效益经济学需要避免使用主观价值判断比较	论经济科学的性质和意义
		卡尔多、希克斯、勒纳、西托夫斯基、伯格森、萨缪尔森	发展出了补偿检验理论，就是只要受损社会群体得到补偿且社会福利水平仍有提高即可，从而放松了帕累托最优严格的前提条件，并提出了社会福利或效益函数	边界识别与判定标准
20 世纪 50 年代和 60 年代	新效益经济学的发展—社会效益函数	伯格森、萨缪尔森	为弥补帕累托效率在分配上的缺陷，试图构造函数以解决社会所追求的目标应该是什么，应该考虑哪些因素是某些人的利益或效用，还是所有人的利益或效用的问题	经济分析基础
		阿罗	能够同时满足这五个条件的社会选择机制是不存在的，即阿罗不可能性定理	社会选择与个人价值
20 世纪 70 年代以来	非效益主义研究与社会选择理论	阿马蒂亚·森	采用序数效用的新效益经济学存在着不可克服的缺陷，只使用序数效用提供的信息进行社会排序是不可能的，使用基数效用却可以获得人际间比较方面的充分信息，从而可以得出一定的社会排序	集体选择与社会效益
	第三优的理论	黄有光	区分了可利用信息和管理成本，采取区别对待的原则，实行第三优政策，它吸纳了类似交易成本的运作成本的分析，区分不同信息拥有情况，采取不同原则，使得预期结果更为确定	福祉经济学

20 世纪 20 年代，庇古认为经济学是解决物质效益问题的，个人的效益可以用效用来表示，整个社会的效益应该是所有个人效用的简单加总，同时认为社会应该使整体效益总和达到最大。20 世纪 30 年代和 40 年代，罗宾斯认为，经济理论研究应当将价值判断排除理论研究之外，效用虽然是可衡量的，但不能在个人之间进行比较，福利经济学或效益经济学需要避免使用主观价值判断比较。卡尔多、希克斯等发展出了补偿检验理论，就是只要受损社会群体得到补偿且社会福利水平仍有提高即可，从而放松了帕累托最优严格的前提条件，并提出了社会福利或效益函数。20 世纪 50 年代和 60 年代，伯格森、萨缪尔森为弥补帕累托效率在分配上的缺陷，试图构造函数以解决社会所追求的目标应该是什么，应该考虑哪些因素是某些人的利益或效用，还是所有人的利益或效用的问题；阿罗提出，如果众多的社会成员具有不同的偏好，而社会又有多种备选方案，那么在民主的制度下不可能得到令所有的人都满意的结果。由于投票顺序不同，最终得到的均衡结果也不是唯一的。20 世纪 70 年代以来，阿马蒂亚·森采用序数效用的新效益经济学存在着不可克服的缺陷，只使用序数效用提供的信息进行社会排序是不可能的，使用基数效用却可以获得人际间比较方面的充分信息，从而可以得出一定的社会排序；黄有光区分了可利用信息和管理成本，采取区别对待的原则，实行第三优政策，它吸纳了类似交易成本的运作成本的分析，区分不同信息拥有情况，采取不同原则，使得预期结果更为确定。在社会效益经济学的发展过程中，其很大的一个分支是社会福利经济学，但社会效益经济学是一个内涵和外延更广泛的理论框架，包括了更大范围内的利益相关者，也与消费、生产等经济全过程有了更加密切的结合。

2.2 高速铁路社会效益理论

2.2.1 基本概念界定

1. 高速铁路

高速铁路有多种不同的定义，不同的国家也有差异。国际铁路联盟(UIC)认为高速铁路的定义相当广泛，包含高速铁路领域下的众多系统。高速铁路是指组成这一“系统”的所有元素的组合，包括：基础设施(新线设计速度 250 km/h 以上，提速线路速度 200 km/h 甚至 220 km/h)、高速动车组和运营条件。当前各国新建的高速铁路，大多把最高速度定位在 250～350 km/h。我国高速铁路的定义为：新建设计开行 250 km/h(含预留)及以上动车组列车，初期运营速度不小于 200 km/h 的铁路客运系统。

2. 高速铁路社会效益

高速铁路社会效益是基于社会效益的概念定义的，高速铁路社会效益，也有学者认为可称为高速铁路社会福利，也可分为广义高速铁路社会效益和狭义高速铁路社会效益两个方面。

广义高速铁路社会效益是指高速铁路对铁路旅客(包括高速铁路旅客和普速铁路旅客)、铁路货主(由于高速铁路开行释放既有线铁路运输能力),以及交通运输系统、区域经济、国民经济和国际经济社会的公民、企业、非营利组织、政府等利益相关者产生的效益或福利的总称。

狭义高速铁路社会效益是指向特殊高速铁路旅客提供的带有社会福利或救济性质的物质支持和服务支持,是高速铁路社会公益性的重要体现方式,包括高速铁路提供的学生票、残疾军人票优惠等社会效益或社会福利实现方式。

2.2.2　相关文献综述

高速铁路的出现是交通运输行业的一次重大变革,一方面,它颠覆了原有的行业竞争格局,对区域、城市和产业产生了较大的经济效益;另一方面,作为一种高速、高频、高质的主要服务于人空间位移活动的运输工具,高速铁路的社会效益尤其是与高速铁路的投资、建设、开通运营相关的社会效益变化逐渐得到学者们的关注。高速铁路的经济效益主要体现在对国际、国家以及对区域增长、产业结构优化上,而它产生的非经济效益(如社会效益)更多地体现在对社会、自然环境、消费者(乘客)的身上。

首先,高速铁路社会效益体现在其对不同运输方式之间的竞争与合作影响方面。Da Li 基于企业进入上游市场的视角,分析了高速铁路行业市场结构的社会效益。研究发现,高速铁路行业上游市场存在企业进入不足的趋势,社会总效益随着上游企业进入数量的增加而增加,并且得到刺激上游高速铁路企业进入、为上游企业提供补贴、降低上游企业进入壁垒、扩大国际市场等政策能够有效提高高速铁路行业的整体社会效益的相关结论。Wenyi Xia 通过关注减少空铁连接时间对运输经营者的利润,消费者剩余和社会效益的影响,研究了在何种情况下可以更好地验证空铁一体化。Valentina Bracaglia 评估高速铁路配置如何影响新开发的基础设施的容量、利润和社会效益。他们的调查重点是提供高速铁路服务并开发基础设施的社会效益最大化实体。研究发现在社会效益方面最佳网络配置在容量、消费者剩余和利润等其他方面可能不是最佳的情况。例如,当密度效应很强时,网格网络可能在社会上是最优的,但是与替代网络相比,它在收回投资成本方面面临更多困难。Wei (Walker) Wang 从社会效益最大化的角度分析了高速铁路运营商在数量竞争、价格竞争、速度决定下的数量竞争(数量-速度竞争,以下简称量速竞争)以及航空运输与高速铁路的数量和频率竞争下的决策。研究表明,在数量、价格和量速竞争下,高速铁路运营者的社会最优目标权重主要取决于高速铁路运输系统的潜在市场规模和高速铁路的吸引力。而在航空运输与高速铁路的量频竞争下,高速铁路运营商的社会最优决策权重与市场规模和高速铁路吸引力无关。Yang 和 Zhang 发现,随着社会效益在目标函数中的权重增加,航空票价和铁路票价都会下降,从而增加了乘客效益。D'Alfonso 等人建立了一个具有代表性的双寡头模型，以揭示在新的旅游需求被诱导时，航空运输和高速铁路的竞争对环境和社会效益影响的基本机制。Nicole Adler 等人在考虑到基础设施、成本函数和环境费用的情况下，分析了一个适用于 27 个欧盟国家的高速铁路系统，同时考虑到高速铁路与航空运输之间关于价格、频率的竞争，具体分析了四个优先的跨欧洲网络以探讨网络变化对社会效益的影响。总的结论表明，如果欧洲联盟对最大限度地提高整体社会效益感兴趣，就应该鼓励发展横跨欧洲的高速铁路网。

可以看出，以上文献主要集中在高速铁路和航空运输的竞争方面。但是，正如 Givoni 和 Banister 指出的那样，高速铁路和航空运输绝不仅是简单的竞争关系。因为大多数航空公司采用了枢纽辐射网络，因此高速铁路可以通过提供机场与附近城市之间的连接来弥补航空服务，两种运输方式存在巨大的合作潜力。因此，也有学者研究了高速铁路与航空的合作对消费者剩余、社会效益的影响。Wenyi Xia 和 Anming Zhang 考虑了具有不同旅行距离范围的航空运输和高速铁路之间的纵向差异，以分析高速铁路和航空运输的竞争对票价、交通量和效益的影响，以及高速铁路和航空运输合作增进效益的条件。发现就整体效益而言，当枢纽机场运力受限，且高速铁路或航空运输表现出强大的交通密度经济时，高速铁路与航空运输的合作更有可能提高效益。林贵华等运用寡头博弈理论，基于差异化的伯特兰模型建立了高速铁路与航空运输之间的博弈模型，模型中航空运输企业只考虑经济利润，高速铁路企业即考虑经济润又兼顾社会效益。研究发现，在高速铁路企业考虑较多社会效益时，航空运输和高速铁路组成互补的空铁联运有利于社会总效益最大化，社会总效益随着高速铁路承担社会效益比重的降低而降低，并且社会效益与企业自身利益存在冲突。Wenyi Xia 和 Anming Zhang 通过关注减少航空运输与铁路运输连接时间对社会效益、消费者剩余和运输运营商利润的影响，来研究在何种情况下航空铁路一体化更合理。研究发现当枢纽机场受到一定程度的容量约束，并且航空铁路一体化的成本不太高时，减少航空运输与铁路运输连接时间可以提高社会效益，并且消费者剩余总是随着航空铁路连接时间的减少而增加，这毫无疑问地反映出乘客为什么总是更喜欢航空运输与铁路运输之间无缝转换的综合枢纽。Changmin Jiang 和 Anming Zhang 研究了当机场容量受限时，高速铁路和航空运输之间合作的效应，发现只要在重叠市场中的高速铁路服务和航空运输服务的可替代性较低，那么无论枢纽机场能力是否受到限制，合作都能提高社会效益。然而，如果替代性高，那么枢纽机场容量在评估效益影响中起着重要作用；如果枢纽机场的容量严重受限，那么航空运输与高速铁路的合作将有助于缓解受限的容量，并使网络中非重叠市场的乘客受益，从而带来净效益改善，并且当高速铁路的密度效应很强时，这种合作更能提高效益。

其次，高速铁路社会效益体现在其对乘客等利益相关者影响方面。例如，李红昌等运用基于效用函数的多期离散选择模型研究了高速铁路对乘客效益的影响变化。基于 2013—2017 年中国 545 个城市对之间高速铁路、民航、普速铁路的实证研究表明，高速铁路对乘客效益的影响总体正向，但是具有异质性特征，在某些市场乘客效益反而会下降。该研究认为高速铁路主要通过三条路径影响乘客效益：一是高速铁路能够满足有效需求从而形成消费者剩余，增加了社会效益；二是由于减少普速铁路客运供给，从而减少了普速铁路乘客的社会效益；三是由于高速铁路与民航的竞争，所导致的在某些运输市场上航线的班次、频率的增减以及由此引发的社会效益变化。王璐从高速铁路建设可以提高区域可达性，提升居民出行的便利性的角度，认为高速铁路通过改变居民的出行方式对其社会效益产生影响，并且认为高速铁路建设对经济发展和乘客效益的影响是相互促进的，但并没有进行实证分析。

最后，高速铁路社会效益体现在其对环境影响方面。正如 Wenyi Xia 和 Anming Zhang 指出的，高速铁路相关研究的局限性之一就是在进行效益分析时较少考虑到环境因素，这也正是未来的一个研究方向。林晓言也认为高速铁路的建设带动了沿线区域的经济发展，但同时产生的环境累积效应同样是不容忽视的。D'Alfonso 指出高速铁路的引入可能对环境产生净负面影响，因为它可能导致额外的需求。此外，如果在评估社会效益时考虑到对环境的影响，在竞争情况下的剩余可能比在垄断情况下更低。在垄断的情况下，高速铁路的吸引力足够高。在这种情况下，当高速铁路为公共和私营部门所有，并使其利润和社会效益的加权总和最大化时，高速铁路越关心社会效益，就越有可能出现因高速铁路进入而造成的整体损失，并且选择乘坐高速列车的频率或列车的速度可能会影响环境。当然也有一部分研究从碳排放数量和效率的角度考察高速铁路对环境因素的效益影响。Akerman J 研究发现高速铁路的建设会导致额外的 CO_2 排放。Kemei Yu 等人研究应用了一个增强引力模型来检验铁路提速对 2013—2017 年中国 546 个城市对的航空运输需求和 CO_2 排放的影响。研究发现，在研究期间内，由于速度驱动的铁路服务的改善，约有 1.049 2 亿旅客由航空运输转向高速铁路，导致减少了 1 357 万 t CO_2 排放。这说明从航空运输转向高速铁路，环境的社会效益增加了。于克美等以 18 个铁路局集团公司为研究对象，基于非期望产出的 DEA 模型、Tobit 模型以及 Bootstrap 模型建立铁路碳排放效率的计量模型，实证研究发现铁路产业总体碳排放效率呈现递增趋势，高速铁路与碳排放效率呈现倒“U”形，并且市场竞争能提高高速铁路的碳排放效率。以上研究表明，虽然将非经济利益纳入社会效益评估可能会带来一些挑战，但扩大评估框架以考虑到环境因素可能会使竞争主管机构能够识别和考虑多式联运竞争的所有利益。

综上所述，学者对高速铁路的经济效益研究比较充分，但有关合作效益、社会效益、环境效益等的相关研究相对比较缺乏。在高速铁路对乘客效益研究中，多数学者通过分析高速铁路与其他运输方式的竞争与合作，进而探讨相应的效益变化。其中研究最多的是高速铁路与航空运输的合作对社会效益的影响，这也是近些年研究比较多一个方向，并主要借助了博弈论这个工具进行分析。但是在本领域内，中文文献还较少，主要以英文文献为主，并且大多是实证分析，还缺乏相应基础的理论性分析。总之，在高速铁路的经济、社会和环境等领域影响，还有很大的研究空间。

2.3 公平效率理论

2.3.1 基本概念界定

公平与效率有多种不同的定义,不同的学科也有差异。

1. 公平

公平字面意思是指处理事情合情合理,不偏袒,即每个人承担着他应承担的责任,得到他应得的利益。从社会学角度来说,公平是指公民的社会地位、政治地位、经济地位同等,同时拥有同等的权力,在参与中机会公平、过程公平和结果分配公平。从政治学角度来说,公平是指社会个体享有政治权利的平等,任何人遵守法律和政治规则的义务是平等的。从经济学角度来说,公平是指提供生产要素者参与市场竞争时机会平等,或者收入分配的相对平等,同时需要保证社会成员的基本生活需要。

一位主张自由主义的福利经济学家哈耶克认为,自由竞争是一种公平的制度安排。市场机制是一种机会均等和自由竞争的机制,因而哈耶克认为市场竞争的制度安排是公平的。美国著名哲学家约翰·罗尔斯认为,公平正义是社会制度的首要价值,分配公平就是要使“社会上状况最差的人的福利最大化”,并提出了两个正义原则:一是最大的平等自由原则,即每个人都有权利拥有最广泛、最平等的自由;二是合理的经济不平等原则,即要允许社会与经济方面存在不平等,须满足差别原则和机会平等原则两个条件。

2. 效率

从社会学角度来说,效率是指社会整体效率,即为了促进社会发展,提高社会成员生活质量,社会生产所能达到的能力。从管理学角度来说,效率是指单位时间完成的工作量,最有效地使用资源以满足设定需要的方式。从经济学角度来讲,效率是指资源的有效配置,有时也被称为制度效率,即经济制度是否能提高生产效率。

3. 公平与效率的关系

效率决定公平的发生和发展,是公平的前提,而公平反作用于效率。从短期看,公平的实现总“滞后”于效率的实现,从长期看,公平与效率在本质上是一致的。公平与效率的先后次序,应该在一个合理范围内进行调节,适应当时社会发展状况,满足不同要求。

2.3.2 相关文献综述

公平与效率是一个广泛的主题,涉及各个研究领域,应用十分广泛。有基于高管与员工薪酬差距分析效率与公平的,有以公平与效率视角对城镇化进行研究的,亦有从公平与效率出发分析省级区域初始碳排放分配方案的。公平与效率相关文章中外学者著作十分丰富。

运输经济学原理告诉我们，如果运输市场是完全竞争的，那么当运价与边际成本相等，且乘客的支付意愿总和大于或等于所用资源的机会成本，那么运输资源的配置称其为有效率的。从规制公平的角度看，不同运输方式身处运输市场其运价规制应当是平等的；从结果公平的角度看，使处境较差的人的状况得以改善，应当是其追求的目标。

随着经济社会的日益发展，交通运输领域的公平和效率越来越受到重视。交通运输领域的效率一直被社会所重视，而近年来城市化进程如火如荼，城市交通问题不容忽视，交通公平性问题也吸引了越来越多的人注意。为了使城市交通公平得到维护，为了解决城市拥堵，城市管理者必须考虑交通公平性，同时，大城市深层次交通问题，其根源也离不开交通公平性。

下文将主要对列车时刻表研究中涉及公平与效率问题的文献，以及高速铁路运价中涉及公平与效率的文献进行综述。

1. 列车时刻表效率方面的研究

对于列车时刻表效率方面的研究，多聚集在使列车的总旅行时间或者旅客等车时间最小上。李望等基于不同运行规则，对区间列车运行安全性和效率进行研究分析，将开放区间接收新列车时刻和闭塞列车组织时刻的均值当作评价列车运行效率的指标。江峰协同考虑了高速列车接续以及列车时刻表，对列车运行线占用运输资源和反馈技术指标进行分析，对各子指标的计算方法进行界定，将列车运行线效率定义为反馈技术指标以及占用运输资源的赋权比。基于 DEA-CCR 模型，江峰等对全图列车运行线效率计算模型进行构建，并以旅行速度、平均旅行速度和有效停站时间作为反馈指标，得出影响列车运行线效率的主要因素是列车运行线铺画顺序和始发时刻可调整度。

2. 列车时刻表公平性方面的研究

大多数考虑公平性的研究目前主要集中在对政策的一些制定、项目评价和对通信行业的线路进行资源分配上。Rune Elvik 对效率与公平性之间的关系进行了分析，与此同时，将其作为道路安全政策研究的方向。效率即有效利用了安全策略，公平性即不同道路使用群体之间风险分配的公平性。文章认为，在制定道路安全政策时，存在着公平与效率的冲突，过分强调公平的代价是牺牲效率。Andres Monzon 对高速铁路迅猛发展对城市效率和空间公平的影响进行研究，提出了一套兼具公平与效率的高速铁路项目评价准则。通过对周边城市高速铁路项目的改善来获得效率，通过可达性价值在城市群中的分布来推导空间公平。

3. 交通领域的公平性研究

交通领域的公平性研究主要应用于客运网络的换乘平衡和宏观群体的出行公平。Wu 研究了旅客中转等候时间的均衡性。陆丹丹等对交通公平的内涵进行了阐述，认为判断快速公交符合城市道路交通公平的标准在于它对大多数人的出行有益，可以使弱势群体的出行要求得到满足。吴茂林对交通公平性的测度运用了基尼系数和洛伦兹曲线。石京等对交通公平性问题之理论本质以及表现形式进行探讨，并建立了用于阐述上述公平性问题的数学模型，对交通公平性定义和交通公平性评价指标选取应当遵循的原则进行了界定。王正武等指出在高速公路的匝道中，存在只追求效率而对交通公平性视而不见的问题，设计了一种兼顾公平和效益的匝道控制方法，将总旅行时间设定为效率目标，将公平基尼系数作为反映公平目标的指标，进行总体优化。张树鹏对我国城市交通公平性的内涵和表现进行研究，对影响交通公平性的评价标准进行总结。

4. 高速铁路运价形成机制效率与公平研究

强丽霞等研究了高速铁路客运的票价制度，并提出了建立与市场经济体制相适应的多元化运价体系，实行政府指导的"底价"，允许高速铁路公司在底价的基础上有一定的浮动幅度。张计划研究了高速铁路的定价创新，认为高速铁路车票的定价应对铁路部门的定位予以考虑，高速铁路的成本结构，客运市场的竞争等因素亦应在其考虑范围内，并建议依据运营情况提升价格的灵活性。崔萌萌研究了中国高速铁路的运价形成机制，并建议在中国高速铁路中实行政府指导的定价。邱梦真研究了中国高速铁路政府设定指导价格的实现形式，提出了政府设定指导价格的形式：中国的高速铁路应实行定价上限的规定。王凤丽等研究了我国高速铁路定价机制，对分线差异化票价与折扣票价进行了论述。李亚研究了我国高速铁路运价机制的不足和其影响因素，认为我国高速铁路运输价格的形成机制，应授予高速铁路企业部分定价权、给高速铁路票价更大的浮动空间、高速铁路票价应呈现多样化，对社会公平以及高速铁路经营企业经济效益统筹考虑，使高速铁路行业持续健康发展。吴昊等持有这样的观点，即为了达到实现提升效率和体现公平的运价目标，高速铁路的一等座与二等座应实施差异化上限模式的政府指导价。

2.4 社会效益计量模型相关研究

社会效益作为现代效益经济学中的重要概念，其度量的尺度与标准则是首先应该取得共识的问题。而社会效益是一个相对抽象而非具体化的概念。因此，要真正衡量社会效益则需要借助一些其他的理论与指标方能实现。已有的研究中，和社会效益理论主要相关的有消费者剩余理论、帕累托最优理论与消费者支付意愿理论。一般地，消费者剩余与生产者剩余的和是微观经济学中对于社会效益最为广泛的转换方式，而帕累托法则也反映了社会效益最大化的条件，支付意愿理论给出了对于消费者剩余的度量方法。

2.4.1 经济学视角相关研究

经济学视角中，对社会效益最大化的研究也是当下的主要研究方向。胡志军基于基尼系数的社会效益含义，建立了一个分析收入分配和经济增长影响社会效益的框架。实证分析显示，1985—2009 年我国农村、城镇及总体的基尼系数都呈现上升趋势，社会效益水平也都呈现上升趋势，但总体上来看，收入分配结构性变化大约抵消了 1/4 的社会效益增加额，但总体社会效益还是有较大的净增量。刘文驰将寻求社会效益最大化问题作为研究公交定价和发车频率对乘客需求以及乘客路径选择的影响问题的双层规划问题的上层问题，利用时间价值，定价问题中的正负效用综合与公交运营商的利润建立了上层模型，展开了对于公交服务网络的探讨。马彦伊在研究陕西省投资结构变动与地区经济效益关系时，通过基尼系数 G 和实际人均收入水平 Y 计算得到了经济效益水平，得出了各投资主体与经济效益存在长期稳定的正相关变动关系的结论。白江对我国城镇化的效益效应进行了实证研究，将效益效应划分为经济效益、社会效益和生态效益三种。将经济效益进一步分为宏观主体经济效益和微观主体经济效益，主要从城镇化带来的人口转移和集聚经济角度分析宏观主体的经济效益变化情况，从城镇化带来的要素转移角度分析微观主体的经济效益变化情况。对社会效益的分析聚焦与城镇化有助于增进整体社会效益。对城镇化的生态效益效应的分析，主要集中于城镇人口与自然承载力的临界分析。通过对三种效益的量化分析与时空耦合分析，剖析了城镇化效益均衡发展的问题，并提出了解决建议。建立指标体系对效益效应进行评价的方法，是比较新颖的研究方法之一。叶泽等运用消费者剩余理论探究了电价交叉补贴对社会效益的影响，并以社会效益最大化为目标，构建了动态价差法来计量电价交叉补贴规模的模型，并指出交叉补贴和社会效益与用户的自价格弹性、交叉价格弹性以及管制机构的效益权重系数有关。

2.4.2　运输经济视角相关研究

在运输经济视角研究中，出租车市场对于社会效益的研究可以算是一个典型。祝进城从效益经济学视角进行分析，研究了实施拥挤收费过程中，出租车是否应进行拥挤收费问题，比较了出租车拥挤收费前后最大社会效益的变化规律。曹祎等提出出租车市场上的社会效益，主要表现司乘双方的剩余价值。通过构建出租车与乘客的剩余价值模型，得到了在一定的假设条件下，随着打车软件使用率增加，出租车剩余价值大幅增加，乘客剩余价值缓慢减小，总体社会效益略微减小的结论。王伟利用动态演化博弈理论，梳理得到了现行出租车管制制度不合理是市场乱象的根源，政府对出租车的管制超越了必要限度，造成了社会效益损失的结论。除了对于出租车市场的分析外，还有很多学者集中对于公共交通的社会效益问题进行了分析。刘秉政将乘客的心理因素对乘客出行路径选择纳入了公交的票价及换乘优惠率优化分析中，构建了以社会效益最大化为目标的顶层规划模型，验证了乘客延误风险的主观评判对出行行为的影响具有不可忽视的作用。李红昌等基于 2013—2017 年中国 545 个城市对之间高速铁路、普速铁路、民航面板数据，应用基于效用函数的多期离散选择模型，研究中国高速铁路对乘客效益的影响变化。并得出高速铁路开通运营对乘客效益影响总体正向的结论。

从研究内容上可以看出，当下的研究方向主要集中于社会效益最大化，且主要运用消费者剩余理论进行计量研究，在运输经济学视角尤其也是如此。当下运输经济视角下的效益研究更多集中于宏观的探究或者定性描述，对于乘客效益的直接定量研究相对较少，这是未来可以拓展的一个研究方向。

参考文献

[1] 李占乐. 论社会效益事业中国家与社会的关系模式的改革：以武汉市为个案的考察[J]. 湖北社会科学，2007(2)：38-40.

[2] 史国山. 社会化是我国社会效益事业改革与发展的主题[J]. 中国民政，1997(10)：10.

[3] 朱家庆. 基于公共财政的公共效益分配公平性研究[D]. 重庆：重庆大学，2009.

[4] 包海花. 区域社会福利协调发展研究[D]. 北京：中央民族大学，2011.

[5] 陈阳. 社会效益、经济增长与区域发展差异[D]. 青岛：青岛大学，2012.

[6] 胡志军. 基于分组数据的基尼系数估计与社会效益：1985—2009年[J]. 数量经济技术经济研究，2012(9)：111-121.

[7] 曾磊磊. 京津冀城市竞争力对社会效益影响的统计分析[D]. 保定：河北大学，2019.

[8] 王新宇. 我国高速铁路对乘客社会效益的影响研究[D]. 北京：北京交通大学，2019.

[9] 王琦珀. 城市公共交通结构性变化对社会效益的影响研究[D]. 北京：北京交通大学，2020.

[10] 施成展. 知识产权保护对社会效益水平的作用研究[J]. 法制与社会，2020(15)：217-218.

[11] 薛芳. 庇古效益经济伦理思想探析[D]. 南昌：江西师范大学，2005.

[12] 黄淑玲. 效益经济学述评[J]. 沈阳工程学院学报(社会科学版)，2007(4)：522-524.

[13] 李从松. 效益经济学的兴起与发展[J]. 培训与研究(湖北教育学院学报)，2002(1)：82-84.

[14] 邓翔. 阿马蒂亚·森社会选择理论述评[J]. 经济学动态，1998(12)：67-69.

[15] 雷宇，郭剑花. 规则公平与员工效率：基于高管和员工薪酬黏性差距的研究[J]. 管理世界，2017(1)：99-111.

[16] 罗知，万广华，张勋，等. 兼顾效率与公平的城镇化：理论模型与中国实证[J]. 经济研究，2018，53(7)：89-105.

[17] 王文举，陈真玲. 中国省级区域初始碳配额分配方案研究：基于责任与目标、公平与效率的视角[J]. 管理世界，2019，35(3)：81-98.

[18] 李望，倪少权，吕红霞. 不同运行规则下区间列车运行安全性及效率研究[J]. 中国安全科学学报，2012，22(6)：150-156.

[19] 江峰，倪少权，余大本，等. 考虑动车接续的高速铁路列车运行线效率评价[J]. 交通运输系统工程与信息，2016，16(2)：120-125，154.

[20] 江峰，张智豪，倪少权，等. 基于DEA-CCR模型的列车运行线效率计算方法研究[J]. 交通运输系统工程与信息，2017，17(2)：154-159.

[21] ELVIK R. An exploratory analysis of models for estimating the combined effects of road safety measures[J]. Accident analysis and prevention,2009,41(4):876-880.

[22] MONZON A, ORTEGA E, LOPEZ E. Efficiency and spatial equity impacts of high-speed rail extensions in urban areas[J]. Cities,2013,30(30):18-30.

[23] WU J, LIU M, SUN H, et al. Equity-based timetable synchronization optimization in urban subway network[J]. Transportation research Part C:Emerging technologies,2015,51:1-18.

[24] 陆丹丹,张生瑞,郭勐. 城市交通公平性分析及对策[J]. 交通科技与经济,2008(2):103-105.

[25] 吴茂林,曹凯. 基于基尼系数的交通公平性定量评价[J]. 交通科技与经济,2011,13(1):86-89.

[26] 石京,杨朗,黄谦,等. 交通公平性的衡量角度与模型描述[J]. 铁道工程学报,2009(1):97-101.

[27] 石京,周念. 交通公平性评价指标的选取原则与方法[J]. 铁道工程学报,2010,27(9):92-97.

[28] 王正武,谭振霞,张平. 兼顾公平与效率的入口匝道协调控制[J]. 武汉理工大学学报(交通科学与工程版),2012,36(2):306-310.

[29] 张树鹏. 基于城市交通公平性的城市公共交通系统发展研究[D]. 兰州:兰州交通大学,2011.

[30] 强丽霞,刘军. 关于高速铁路客运票价体系的探讨[J]. 综合运输,2009(3):75-77.

[31] 张计划. 我国高铁的定价创新研究[J]. 市场经济与价格,2011(4):19-21.

[32] 崔萌萌. 我国高速铁路运价形成机制研究[D]. 北京:北京交通大学,2014.

[33] 邱梦真. 我国高速铁路实行政府指导价形式研究[D]. 北京:北京交通大学,2015.

[34] 李亚. 我国高速铁路运输价格形成机制研究[J]. 改革与战略,2016,32(11):139-143.

[35] 王凤丽,冯昊月,任雅璇. 中国高速铁路多元化客票价格体系研究[J]. 中国铁路,2016(3):11-15.

[36] WANG Y, SUN L, TEUNTER R H, et al. Effects of introducing low-cost high-speed rail on air-rail competition: modelling and numerical analysis for Paris-Marseille[J]. Transport policy, 2020, 99: 145-162.

[37] LI D, LIN X. Social welfare analysis of China's high-speed rail industry: based on the perspective of enterprises' entry in upstream market[J]. Journal of advanced transportation, 2020(4):1-9.

[38] WANG W, SUN H, WU J. How does the decision of high-speed rail operator affect social welfare? considering competition between high-speed rail and air transport[J]. Transport policy, 2020, 88: 1-15.

[39] YANG H, ZHANG A. Effects of high-speed rail and air transport competition on prices, profits and welfare[J]. Transportation research Part B:Methodological, 2012, 46(10): 1322-1333.

[40] D'ALFONSO T, JIANG C M, BRACAGLIV. Would competition between air transport and high-speed rail benefit environment and social welfare? [J]. Transportation research Part B, 2015, 74: 118-137.

[41] ADLER N, PELS E, NASH C. High-speed rail and air transport competition: game engineering as tool for cost-benefit analysis[J]. Transportation research Part B:Methodological, 2010, 44(7) : 812-833.

[42] GIVONI M, BANISTER D. Airline and railway integration[J]. Transport policy,2006,13(5):386-397.

[43] XIA W, ZHANG A. High-speed rail and air transport competition and cooperation: a vertical differentiation approach[J]. Transportation research Part B:Methodological, 2016, 94 : 456-481.

[44] 林贵华,裴红波,邹远洋. 基于伯特兰德模型的航空企业与高铁的博弈分析[J]. 系统工程学报,2020,

35(3):325-339.

[45] XIA W,ZHANG A. Air and high-speed rail transport integration on profits and welfare: effects of air-rail connecting time[J]. Journal of air transport management, 2017,65:181-190.

[46] JIANG C, ZHANG A. Effects of high-speed rail and airline cooperation under hub airport capacity constraint[J]. Transportation research Part B:Methodological,2014,60:33-49.

[47] 王璐. 我国高铁对经济发展与居民效益的影响研究[J]. 价格理论与实践,2019(6):149-151.

[48] 林晓言. 高铁经济研究成果述评及基础理论走向[J]. 北京交通大学学报(社会科学版),2018,17(4):20-37.

[49] GIVONI M, BANISTER D. Airline and railway integration[J]. Transport policy, 2006, 13(5):386-397.

[50] AKERMAN J. The role of high-speed rail in mitigating climate change-the Swedish case Europabanan from a life cycle perspective[J]. Transportation research Part D: Transport and environment, 2010, 16(3):208-217.

[51] 蒋茂荣,范英,夏炎,等. 中国高铁建设投资对国民经济和环境的短期效应综合评估[J]. 中国人口·资源与环境,2017,27(2):75-83.

[52] YU K, JACK S, LIU S L, et al. Effects of railway speed on aviation demand and CO_2 emissions in China[J]. Transportation research Part D:Transport and environment,2021,94:102772.

[53] 于克美,武剑红,李红昌. 我国铁路运输业碳排放效率与影响因素分析[J]. 技术经济,2020,39(11):70-76,86.

[54] 胡志军,刘宗明,龚志民. 中国总体收入基尼系数的估计:1985—2008[J]. 经济学,2011,10(4):1423-1436.

[55] 刘文驰,张建同,王世进. 弹性需求下城市公交网络服务的优化[J]. 运筹与管理,2012,21(2):44-49.

[56] 马彦伊. 陕西省投资结构变动与地区经济效益关系研究[D]. 西安:西北大学,2015.

[57] 白江. 我国城镇化效益效应的实证研究[D]. 长春:吉林大学,2018.

[58] 叶泽,姚军,吴永飞,等. 考虑用户需求的电价交叉补贴及社会效益计量研究[J]. 中国电力,2019,52(12):113-122.

[59] 祝进城,肖峰,帅斌,等. 城市出租车拥挤收费[J]. 吉林大学学报(工学版),2015,45(1):89-96.

[60] 曹祎,陶竑宇,罗霞. 打车软件使用率对出租车社会效益的影响[J]. 交通运输系统工程与信息,2015,15(3):1-6,24.

[61] 王伟. 出租车过度管制的制度成因及其效益影响研究[D]. 哈尔滨:哈尔滨工业大学,2017.

[62] 刘秉政,葛颖恩,曹凯. 考虑乘客主观评判的地铁与公交的票价及换乘优惠率优化[J]. 系统工程理论与实践,2016,36(12):3188-3197.

[63] 孙健韬. 高速铁路对区域经济的影响分析[D]. 北京:北京交通大学,2012.

[64] 刘璐. 我国高速铁路对民航客运的影响研究[D]. 北京:北京交通大学,2018.

[65] BARBER,ROBERT L. The social work dictionary[M]. 4th Edition. Washington D. C. : NASW Press, 1987.

[66] 刘红妹. 中国发展型社会福利体系构建中财政支出优化分析[D]. 北京:中国矿业大学,2015.

[67] 李松龄. 公平与效率的准则：福利经济学公平、效率和分配观的比较[J]. 广西经济管理干部学院学报，2002,4(3)：1-7.
[68] 罗尔斯. 正义论[M]. 何怀宏，何包钢，廖申白，译. 北京：中国社会科学出版社，2001.
[69] 荣朝和. 交通-物流时间价值及其在经济时空分析中的作用[J]. 经济研究，2011,46(8)：133-146.
[70] 叶春媚. 基于时空视角的电商物流“最后一公里”的经济分析[D]. 北京：北京交通大学，2017.
[71] 马歇尔. 经济学原理[M]. 廉运杰，译. 北京：华夏出版社，2005.

第3章 高速铁路社会效益的时空理论分析

高速铁路社会效益涉及政府、企业、乘客等利益相关者，也可以通过释放既有线货运能力影响到货主等利益相关者。北京交通大学荣朝和教授开创的时空经济理论和以产品-资源-网络经济（product-resource-network economies）、运输化（transportization）和网络形态（network formation）为重要内容的运输经济理论，为高速铁路社会效益分析奠定了坚实理论基础。特别是，高速铁路能够提高时空转换能力，节约旅行时间价值，改善旅客效用水平。高速铁路社会效益可分为直接效益和间接效益。其中，高速铁路直接效益包括对民航、普速铁路、长途大巴、私家车及网约车等的影响；高速铁路间接效益包括碳排放影响和高速铁路网络性及其社会效益影响。高速铁路社会影响的传导机制包括溢出效应传导机制、技术创新传导机制、城市集聚传导机制等。

3.1 高速铁路社会效益的时空理论解析

正如荣朝和教授在《运输经济学通论》中所说，包括时空经济分析在内的理论发展是认识交通运输的社会经济本质以及交通运输产生的政治、经济、社会、技术、文化等影响的重要基础。我国运输经济学领域伴随改革开放进程，经历了学科研究重点的三次重要转变：从原来单纯关注单一运输方式（如铁路、公路、水运）的运输计划、成本、定价、统计和财务等具体业务管理活动（即从关注“运输中的经济问题”），转到更多关注包括各种运输方式的综合运输发展问题、运输业在国民经济中的作用等宏观趋势（即更多关注“经济中的运输问题”）；再转向更多关注运输业产业组织、运输业的产权、交易成本、管制等前沿经济学问题（即转向更关注“运输中的经济学问题”）；再到现在能够提出时空经济分析框架，并从区位与可达性、物信关系、时空匹配、时空转换等视角，推动经济学重新认识包括交通运输的社会经济本质与形态（即如今能够关注“经济学中的运输问题”）。

3.1.1 时空经济理论基本思想

荣朝和教授在《论时空分析在经济研究中的基础性作用》一文中认为，时空分析在经济研究中应该发挥基础性作用。时间价值分析可以帮助人们同时认知时序世界和时变世界，减少由于延误造成的损失，也更关注把握时机、应对灾变；日程安排通过社会化时间结构约束和塑造了人们的行为；完整的可达性概念包括交通通信网络的连通性、地点的可接近性和行为主体的可参与能力；时空转换能力是行为主体在约束条件下通过努力改变原有时间距离以实现既定目标的能力。为实现趋利避害争取于己有利的时空平衡是人类从自然界所继承的核心本能；应改变经济学对完全理性的过度依赖；人的经济性和社会性可在趋利避害的时空尺度上获得一致，成熟的经济学应该同时解释经济人和社会人；而市场是代表人类社会相对成熟的基本运行方式。可见，时空经济理论非常重视和强调时间价值、可达性、时空转移能力、趋利避害等分析，并基于此形成了相应的时空经济分析框架。

应该说，包括物理学、生物学、社会学等在内的各个领域，均具有典型的时空特征。荣朝和教授认为，人类进化是大自然演进过程的一部分，因此关于人的经济学的基本原理也不能违背大自然的法则。用于研究人类行为的经济学，其基本原理所刻画的内容实际上一直支配着宇宙和所有生物进化并导致人的形成。经济学的重要原理与其他学科的基本原理一样都是试图从不同角度刻画大自然的运行规律，用于解释人类行为的经济学基本原理，与解释自然界特别是解释生物界的科学原理在根本逻辑上必然是相通的。我们也因此认可弗尔迈耶的这一观点，即生物圈及其环境，包括其中的人、生物和非生命体，就是一个经济体系，而经济分析的视角可以应用于任何生物圈，就像物理学和化学原理对于任何物质世界一样。因此，荣朝和教授是从自然演化规律视角，把经济学放在一个更大尺度内进行考察，从而得到时空经济视角下，人类社会所演化出来的各种趋利避害的时空转化能力，即：在所遵从的自然与社会规律、处理的时空关系、秩序的建立与维护、能量与信息传递和交通与通信等方面，人类相对于动物和动物相对于非生物的功能虽然都有增加和深化，但也都从较低层次物质运动得到基本关系与适应能力的传承，所体现的基本时空原理也从阻抗最小、场力平衡、适者生存、族群共生，通过趋利避害、优胜劣汰，再进化到在更大尺度内实现社会与环境的趋利避害均衡。人的本能大都是来自一代代更早的祖先，而自然界在漫长时期中已经为我们进化出各种趋利避害的时空转化生存本能。不同领域时空运动与时空关系的特点对比见表3-1。

表3-1 不同领域时空运动与时空关系的特点对比

对比内容	天体	动物	人类
遵从的规律与遵从程度	物理学	生物学	社会学
	自在遵从规律	部分传承＋被动与相对主动适应	部分传承＋主动时空塑造与时空转换
时空关系	引力与斥力、自转与公转、距离、速度、时间、温度、能量	生命、生育、繁衍、采摘、捕猎、存储、工具、权威、势力范围	种植、养殖、用火、加工、城市、工业化、信息化； 市场交易、契约、货币
秩序的建立与维护	体积与质量（收获与提供能量）	实力、家庭与族群、领地秩序、打破秩序与抓住机会	城市、政府、契约、民族、国家、法律

续上表

对比内容	天体	动物	人类
能量与信息的传递	吸引、辐射	食物，遗传进化、交流、模仿	食物、矿物能源，文字、艺术、印刷、教育、数据库
交通与通信	移动	追逐、迁徙、沟通	步行、骑乘、交通工具、通信工具、基础设施、网络
所体现的基本时空原理	阻抗最小、场力平衡、族群共生（有寿命、无选择、遵从规律）	部分传承＋趋利避害、优胜劣汰（有生命、有选择、物竞天择）	部分传承＋建立成本-收益效率基础上的趋利避害时空关系（更大尺度内的社会与环境均衡）

时空经济理论非常强调经济时空关系和时空转型能力的重要作用。从影响因素来看，时间距离及时间价值、可达性及广义影响、时空聚集及其经济性、物信关系及信息技术等，均是导致时空经济关系和时空转移能力变化的重要影响因素。从作用机制来看，通过旅客货主效用水平、交易成本节约、生产规模经济和范围经济等，触发时空经济关系和时空转换能力变化的因素就会导致经济社会关系的重构和效率效益的动态演化。

经济时空关系是指现实社会经济中主体或事务体现其时间与空间特征的存在及运动状态。任何人或组织都不可能脱离具体的经济时空关系。经济主体一方面受到经济时空的约束，但另一方面也可以能动地对后者加以改变。时空协调能力是行为主体在已有约束条件下，通过努力得以适应或改变相应时空关系以实现既定目标的能力。无论是人类社会还是自然界，任何行为主体能够处理相关事务的前提都是具备必要的时空协调能力，以实现不同尺度趋利避害的目的。时空协调能力在不同情况下、针对不同主体和对象可以体现为诸如时空适应能力、时空压缩或转换能力、时空控制能力、克服事务（如生产与消费量）在时间或方向上波动的能力、应急响应能力、机遇捕捉能力、秩序恢复能力、军队机动能力以及市场塑造能力等。

时空转换能力是典型的时空协调能力。时空转换能力是行为主体在已有约束条件下通过努力改变原有时间距离以实现既定目标的能力。行为主体既可以是个人、企业及组织，也可以是城市或国家。而时空转换效率则是行为主体改变时间距离、实现时空转换的收益与代价的对比关系。时空转换效率也可以分别从个体、集体和社会角度去衡量。例如，能够把通勤圈范围内的全程出行时间距离压缩到何种程度，是一个城市交通系统时空转换能力的核心指标；时空隧道则是能以显著缩短的时间距离克服空间距离或其他通行障碍的交通走廊。而时间地理学也已经在城市居民个体出行行为方面积累了大量研究成果。

3.1.2 高速铁路时空经济特征

荣朝和教授认为，在针对各种交通运输活动的时空特殊性和物信关系方面：尽力打通原本要把运输市场上的需求方与供给方硬性分开的界限；破除交通运输只解决空间位移问题的传统理念，跟上现代交通运输重构社会经济生活物信关系的步伐；打通传统运输业与大数据和移动互联网所支撑的网络平台出行、现代物流、供应链等分布式交通运输新业态的界限；并能够分析非正常情况下的各种挑战对运输业提出的安全、卫生、环保等要求。实际上，高速铁路具有的时空经济特征以及对经济社会时空结构的优化，就是其产生社会效益的重要时空经济理论基础。

根据荣朝和教授交通运输的时空经济分析，高速铁路可以通过如下几个方面影响其时空经济特征以及社会效益。

1. 时间价值路径

对交通运输时间价值高低的评价，往往更多是取决于如果不能准时到达所造成的损失有多大。一般而言，经济越发达、出行链或供应链越成熟，社会所需要避免的损失越多。因此，分析交通-物流时间价值的思路也应该更多转变为分析如何避免交通不可靠造成更大的经济损失。在客运领域，如果交通系统不够可靠，人们避免损失发生的办法自然就是提前到达以便预留时间。在货运领域，如果受雇运输系统不够可靠，人们避免损失发生的办法通常就是更多依靠自有运输和保有更多的物资储备，以防万一。时间价值对于人们的意义，在于人们有能力在一定程度上将时间变为可控，以便能让事情的发展符合预期，并不让时间的延误造成过大损失。高速铁路通过准时性水平的提升，并通过交通网络影响到了交通物流准时性水平及其时间价值，从而有效提升了时间价值，产生了显著的社会效益。也就是说，高速铁路主要通过时间距离的压缩以及更高水平的时间价值实现了其社会效益。高速铁路对时间距离的压缩作用示意如图 3-1 所示。

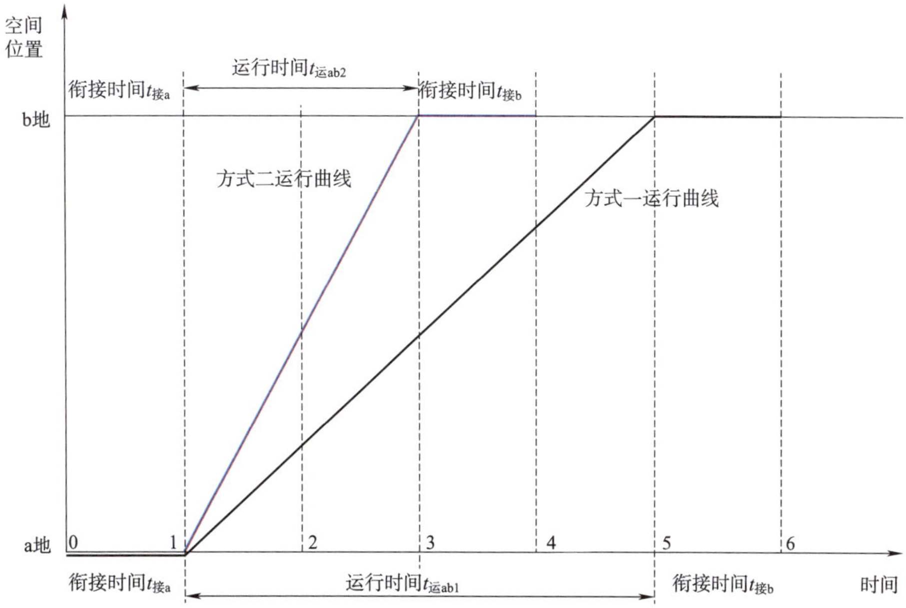

图 3-1　高速铁路对时间距离的压缩作用示意

显然，在运行速度已经提升到一定水平以后，如何减少衔接时间就会逐渐成为交通运输发展中的关键问题，高速铁路的发展显然就满足了这一时间压缩的要求。这样，高速铁路就能够满足经济社会发展中的非匀质时间价值需求。

传统时间价值研究还存在一个重要缺陷，即大都将时间当作是匀质的，时间价值的许多计算结果都反映出这种基本认识。但时间和时间价值其实都是非匀质的，不同人对时间价值的评价差别会很大，而且时间价值在特别时点前后或特别时段内更存在着明显的凸高现象。即便是同一个人或企业，其在不同时点上的时间价值也有很大差别，有些特定的时点对特定的人或事而言要明显比其他时间更重要，因此相应的时间价值也应该更高。例如，职工上班上岗、老师学生上课开始的时间；再如，预定的约会或开会时间、火车检票或飞机登机的停止时间等，人们一般必须要赶在这些时点之前到达必要的地点，为避免迟到常常愿意付出较高的代价。图 3-2 中的几条曲线就粗略反映了在几种特定时点时间价值明显提高的情况。

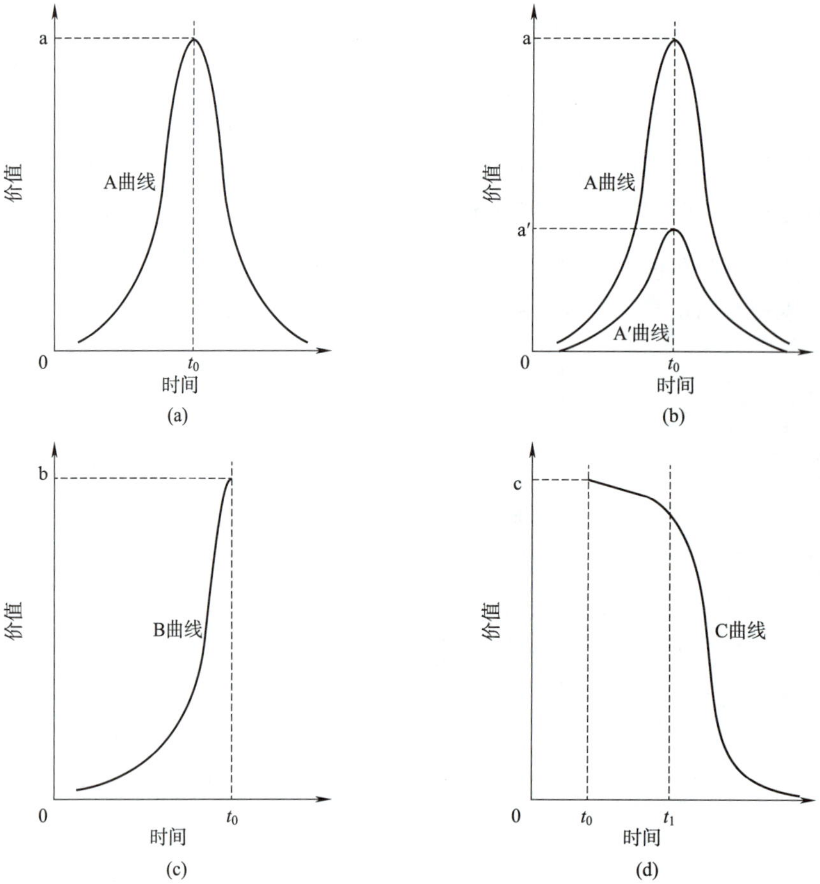

图 3-2　高速铁路可实现更高的时间价值示意

2. 物信关系路径

根据我们的看法，社会经济进入运输化 1.0 阶段的原因，是机械动力大规模引入运输业，运输能力大大超越自然状态的交通运输；运输化进程进入 2.0 阶段的原因，是一体化多式联运链条的内在作用凸显，明显超越单方式运输的功能；而运输化进程进入 3.0 阶段的原因，是运输业物信关系与结构发生重大改变，信息和数据开始主导实体运输过程。出现运输化 3.0 阶段趋势，并不意味着交通运输在正在到来的信息社会里将要逐渐失去存在价值，或可以很快被其他新兴产业所取代。该阶段的趋势只是表明，作为一种基础结构，作为实现人与货物空间位移实体的运输业在信息社会中的地位和重要性，由于社会经济物信关系与时空结构正在发生重大重组而有所改变。运输化 3.0 阶段的到来，意味着实体运输与信息技术实现内在协同，即运输化与信息化融合新阶段的到来。运输化各阶段示意如图 3-3 所示。

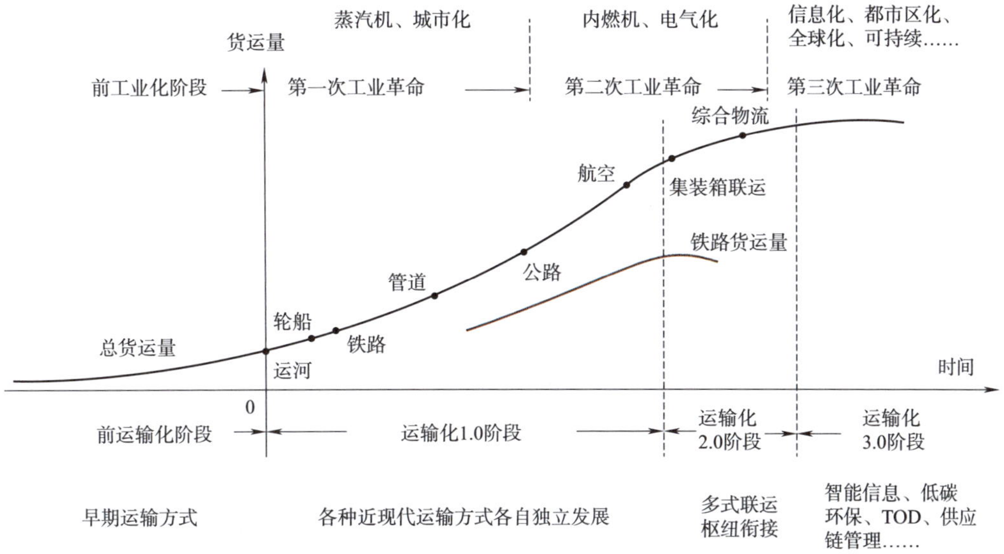

图 3-3　运输化各阶段示意

由于交通运输是从属于社会经济总系统，因此影响交通子系统的物信关系支配变量也孕自于社会经济总系统，而实际上物信关系调整对社会经济各个方面都产生了重大影响。运输的实体传输与通信信息传输之间的融合，即物信关系基础性演变的阶段性，是影响系统出现重大阶段转换的支配性变量。它不但使运输业本身实现重大转型，而且能让社会经济在新的低成本高信度基础上进一步克服耗费巨大的时空阻隔。

交通改善一直在内部为社会经济提供客货位移服务和区位条件改善，同时构建和提升社会经济时空场域。前期人们更加关心客货运输克服空间距离所形成的开发性经济空间，但后期则会转向更加关心时间距离缩短所形成和完善的社会经济时空。客货运输量也会从前期的高速增长逐渐放慢甚至在数量上停止增长，运输业发展越来越体现在高质量运输服务的提供上，而这依赖于在内部构建超越传统运输模式的物信关系与结构。从社会经济系统的本体性关系看，目前其内部的交通、信息、能源、环境、土地、工业、农业、流通及其他服务业以及城市化等子系统，也已经到了必须进行深度融合与综合施策，而不是继续割裂发展的状况。

当一个国家的工业化从资本与资源密集型产业主导向知识与信息密集型产业主导转化，其运输业发展也会开始从运输化 2.0 向 3.0 阶段转变，其交通运输结构所对应的经济时空关系和结构与此前阶段相比一定会出现重大变化，其运输体系也必然同时经历服务需求升级和内部新型物信关系的换元。交通运输体系在基础设施、产品服务、组织结构与体制政策各个相关层次上都必须与这种变化相适应。

也就是说，交通与通信一直且未来仍旧将是社会经济时空结构构建与改善的核心基础，但它们的关系与作用程度有所改变。运输化的前两个阶段分步解决了人与货物实体移动的问题，运输化 3.0 阶段则是运输化与信息化融合的阶段，需要更加关注物信关系的合理重构，使社会经济时空场域建立在更加厚实、高效的基础设施之上。

从理论来看，高速铁路处于运输化 3.0 阶段，由于这一高效便捷运输方式与信息技术的结合，适应了运输化发展的阶段性要求，从而适应并诱发了大量社会运输需求，产生了显著的经济社会效益。高速铁路出现后，通过大数据、5G、人工智能、物联网等技术手段，推进了物信关系有机融合，提升了高速铁路完整运输产品的质量和水平，提升了交通运输领域的高质量发展能力，从而更加适应社会经济发展的内在需要。

3. 运输分布式供给路径

规模经济和范围经济是经济活动中普遍存在的现象，运输活动也在相当程度上存在着规模经济和范围经济，但由于运输业网络特性、运输生产及产品计量方法的复杂性，使得运输规模经济和范围经济又转型为运输密度经济和网络幅员经济。运输密度经济包括线路通过密度经济、港站（枢纽）处理能力经济、载运工具的载运能力经济、车（船、机）队规模经济、运行/衔接与转换速度经济。而网络幅员经济则通过线路延长和服务节点增多两种方式体现，主要包括运输距离经济和由于幅员广大带来的多产品经济。运输设施与设备的大型化同时要求较高的实载率，于是在很多情况下运输设施特别是运行线路往往需要客货运混用，甚至就在同一部载运工具上的旅客或货物，也会由于起运终到地不同而对应着很多不同的运输产品。

运输产品的生产与消费是一个同时进行、不可分割的过程，故而相较于一般商品，运输产品一旦产出便无法储存，也就无法留待调度给其他时间或其他地区消费。这意味着当运输产品生产或者说运输供给者提供运输服务时，如果没有足够的运输需求，运输供给者就无法收回成本。与一般经济学中讨论的以“单个商品”为边际单位的生产不同，对于提供具体运输过程的运输供给者而言，运输产品的生产决策是以载运工具为边际单位做出的，供给者决策的是是否提供单个运输工具的运输服务。由于运输产品生产与消费的同时性，当且仅当有足够需求能够支撑覆盖成本的收入时，供给者才会选择提供这一载运工具的服务，否则就会面临亏损。换言之，存在一个最低实载率或载运工具密度经济的阈值，运输供给者仅在该载运密度经济以上提供服务。

而运输产品消费者的决策则往往以自然人或具体货物为边际单位，除大宗货运外，往往并不一定能达到单个载运工具所要求的实载率。这种边际的差别使得运输产品消费者与供给者的决策存在尺度上的偏差。如果是一般商品，这种偏差可以通过简单的整合消费者需求或调拨产品来解决。但对于运输产品来说，整合消费者需求的成本要高得多。因为运输产品的异质性意味着即便通过同类载运工具或固定设施生产，不同时点、不同方向、不同起止点上的运输产品也完全不同，彼此很难相互替代。

因此在具体运输需求不可知的前信息化时代，边际生产单位≠边际消费单位的传统运输供给者提供的一般是"常规式"的运输产品，以期能够覆盖足够多消费者来达到载运工具密度经济阈值。简言之，就是将一定范围内同类消费者的运输需求进行整合，在时点、方向、起止点和速度等维度上提取其中共性的部分，在这些共性上进行运输供给。具体而言，传统运输供给往往根据需求预测，在空间上选择若干地点作为站点，在站点之间布置线路；在时间上规划一定始发终到时点，于是这种常规式运输产品在形式上就表现为"规划线路上站到站的班次性"，典型代表如有明确列车时刻表的列车、航班等。由于存在对需求预测/提炼的过程，这种常规式供给需要集中化的高层决策，这种生产决策先于消费者进行，消费者在得到具体产品的(线路、时点、票价等)信息后才选择是否购买该运输产品。

传统运输业的常规供给从载运密度经济出发，在满足盈利性要求的同时也使高度分散的需求与供给之间必然存在缺口，且由于供给者的生产决策先于消费者消费决策，因此消费者只能根据现有既定的运输产品安排自身出行，而弥补这种缺口的成本可能很大。

一般而言，运距越远、速度越快的运输产品，固定设施和载运工具的成本就越高，因而运输供给者也就需要覆盖足够多消费者或收取足够高的价格以收回成本。不同运输方式的技术经济特征决定了其能够覆盖的消费者数量，也就限制了消费者的需求满足程度。而消费者未被某种运输产品共性覆盖的需求环节，往往只能支撑起速度与服务距离较低水平的运输方式。

综上所述，可以大体上把传统的常规运输供给分为两大类。一类是建立在规模经济基础上，依靠大型设施与设备，运输密度经济显著，其主要特征包括需求要整合并服从于供给、决策依赖于高层、信息化服务于内部管理、行业主管部门具有绝对权威等特点的供给，简称为规模化计划主导型运输供给或需求服从型供给。另一类则是资源怠用型碎片化运输供给，其主要特征是为满足分散化运输需求而提前超量配置各类交通运输资源，以备随时以碎片化模式满足特殊时空下的需求，相应资源的利用效率相应较低。规模化供给可以有效满足集中化需求，但无论是规模化计划主导型供给还是资源怠用型碎片化供给，在满足分散化需求方面都存在着不适应或低效率的问题。

分布式供给是依托信息技术创新和商业模式创新，面向终端消费需求，通过有组织的小型、分散、柔性供给主体的分工与协作，提供满足特定时空要求的产品和服务。分布式运输供给是针对时空异质性提供的有别于规模化计划主导型运输供给，和资源怠用型碎片化运输供给的运输服务。分布式供给具有以下典型表现和特征：

(1)面向终端需求。分布式供给要解决的需求，并不是笼统的整体需求，而是具体的终端需求。分布式供给发生在需求信号表达之后，与先生产、再营销、后消费的模式显著不同，其面向终端在时间上的表现为即时响应，在空间上的表现为临近响应，发生在微观时空尺度上。分布式供给也增加生产-消费者一体化或共享经济趋势。

(2)供给的主体具有小型化、分散化和柔性化特征。小型化强调以小规模来组织生产，是任务向导型的组织，具有扁平化的特征。小型化组织以个人和松散的契约组织为主，随任务产生而建立。分散化则强调供给主体时间和空间上分散布局，没有显著的集聚效应。柔性化的基础是生产或服务组织具有弹性和可调整性。

(3)分布式供给的发展得益于互联网信息技术的快速发展，尤其是移动互联网的发展，使得消费者的消费诉求可以简单、快速地反映出来，供给者以此组织生产活动，双方的信息不对称问题通过场景化得到了很好的解决。

分布式供给与传统供给模式相比，显著的优势在于：具有建构微观时空的能力，在时间上表现为面向需求快速准确地安排、实施、完成生产；在空间上则表现为其在给定的区域内组织协调本地特定要素的能力突出。分布式运输供给通过提供更好的“类”的匹配，本身也创造出新的运输需求，并在一定程度上增加了运输总量。

总的来说，一方面，高速铁路具有传统供给模式的规模经济和范围经济特征，可以通过大容量运输方式满足社会需求；另一方面，由于现代信息技术的出现，高速铁路也可以通过现代信息技术和交通服务手段的升级，及时了解具体需求者的特殊需要，并迅速设计出能够满足这些特殊需要的产品，以提供给该需求者选择和决策，并在合同生效后进一步提供即时性的服务。这就要求高速铁路一方面要对市场个性化需求进行响应，另一方面还要把这些个性化需求整合成满足高速铁路规模经济和范围经济的大型化、集中化和规划化的高速铁路运输组织和生产过程，从而实现两者的有机统一。实际上，我国高速铁路更加重视市场需求变化，采用了灵活的编组计划，动态调整高速铁路列车运行图，实行基于市场需求的季节性运行图调整，从而更高效地满足经济社会发展的需要，也更能够发挥和提高高速铁路的社会效益。

3.2 高速铁路对社会效益影响的总体分析

根据北京交通大学荣朝和教授的时空经济特色的运输经济理论分析，交通物流可以通过时空转换能力、旅行时间价值、旅客效用水平来对高速铁路对社会效益产生影响，这也是高速铁路作用于社会效益的重要作用机理和影响传导机制。

3.2.1　时空转换能力

时空转换能力是在约束条件下行为主体通过努力改变原有时间距离以实现既定目标的能力,它是典型的时空协调能力。行为主体可以是个人、企业及组织,也可以是城市或者国家。荣朝和在《论时空分析在经济研究中的基础性作用》中指出,时空转换效率是关于行为主体改变原有时间距离的收益与代价的对比关系。例如,城市交通系统的时空转换能力的核心指标是,能把通勤圈内的时空距离压缩到何种程度。具有时空转换能力是所有的行为主体处理相关事务的前提。同时说明了时空价值分析可以更准确地把握时机,应对灾难变化,帮助人们认识时变世界。人的社会性和经济性在趋利避害的时空尺度上保持一致,同时应该借鉴相对论和时空观。Zheng 说明了运输技术使个人可以享受城市聚集的好处,获得大城市的巨大潜在效益且允许个人生活在其边界外的情况下。林晓言等使用因子分析法测试了武广高速铁路沿线站点人才吸引力,证明了高速铁路降低了运输成本,同时通过时空压缩,促进要素流动,提升人才吸引力。Vickerman 认为高速铁路的建设优化了原有的运输网络,缩短了城市间的时空距离。一方面,交通条件的改善有利于沿线城市间的分工,提高区域劳动生产率,促进区域发展;另一方面,沿线城市的集聚能力进一步增强,大量的资本、劳动力、信息、技术等要素流入站点城市。

3.2.2　旅行时间价值

旅行时间价值是人们旅行中对时间的评价,即旅行者在旅行中耗用的时间存在机会成本所产生的价值。旅行时间价值有以下几个特点:

(1)动态性。时间价值受很多因素影响,例如,消费者本身特性、社会发展力水平和经济等,其中社会发展力水平是最基本的因素。

(2)历史性。随着社会进入商品经济时代,人们根据劳动报酬率分配时间,时间开始有了价值。

(3)个体差异性。不同旅客对时间的感受不一样,时间分配不同,因此时间价值有差异。

(4)社会统一性。在同一时期、同一区域,个体特征相似的旅客其时间价值趋同。

赵延龙等使用产品法、收益法和时间成本法三种方法来计算旅客时间价值,并给出相应的计算公式,从理论上研究了旅行价值问题。南敬林认为旅客时间价值是典型的运输经济问题,旅客时间价值的计算的关键在于协调数据可用性与不确定性之间的关系,同时,旅客时间价值分为资源价值和行为价值,资源价值主要用于交通运输投资项目评价,从全社会角度评价时间价值;行为价值主要用于交通分担率的预测与分析。李博以北京—西安的高速列车为对象,运用极大似然估计对旅客时间价值模型进行标定,得出差别化定价可以均衡各列车上座率，提高列车利用率。翟筱松从旅客的角度阐述了交通运输方式选择与旅客旅行时间价值的关系，经过推倒发现，交通运输方式的选择与出行属性、经济水平显著相关，其中，经济条件好和出行属性优越者更倾向于选择更快、更舒适的出行方式。Schmid Basil 等人关于旅行时间价值的研究表明，从交通运输这个方面来看，旅行(出行)的舒适度非常重要；而从公共交通投资者的角度来看，专注于提高速度可能会对乘客的利益产生更大的边际影响。Lars Hultkrantz 对高速铁路的评价更高，他认为高速铁路就是为时间价值高的旅客设计的，在评估高速铁路的经济影响时，至少应该包含对不同时间价值乘客社会效益的变化。

3.2.3 旅客效用水平

在微观经济学理论体系中，效用理论是研究消费者如何将收入在商品和劳务之间进行分配，以达到最大化的满足程度。高速铁路服务可以使旅客从出发地到目的地，满足位移的需要，所以铁路部门服务具有效用，旅客效用最大化就是旅客出行中达到满足程度的最大化，即选择广义费用最小的出行方案来满足空间位移的需要。同时消费者理论认为，消费者倾向于选择物美价廉的产品，旅客出行方式的选择实际上也是购买运输产品的过程。面对多种出行方式，根据理性的判断，按照旅客效用水平最大化的原则进行选择。

任新惠考虑了旅客效用水平，构建了航空公司选座费定价模型，通过定量和定性相结合的方法剖析了选座费的影响因素。李红昌在高速铁路影响旅客效用的机制上，选择多期离散选择模型，将效用分为了间接效用和随机项组成，旅客总是选择效用最大化的运输方式，同时表示出每个旅客的单位收入边际效用，研究中国高速铁路对旅客效用的影响变化，得出高速铁路的开通对旅客效用有总体正向的影响，要充分调查不同旅客群体的出行偏好和支付能力，完善评价体系，构建公益性运输补偿机制。李元勋将旅客效用表示为票价和服务质量的线性函数，其中，影响服务质量的因素有很多，如舒适性、安全性、准时性、便捷性以及发车间隔等，得出发车时间、快速性、安全性和便捷性所占比重最大，说明对服务水平的影响较为关键，同时，高速铁路与民航进行合作，不仅可以提高企业收益，还降低污染的排放，为社会带来更多效益。

3.3 高速铁路对社会效益直接影响分析

高速铁路在我国发展十分迅速，截至 2020 年末，我国高速铁路营业里程已达 3.8 万 km，十年来的年均增速达到 64.5%，而高速公路只有 10.9%。随着高速铁路成网，其外部经济效应逐渐显现，目前高速铁路经济相关文献已经涵盖高速铁路对空间、区域、城市、产业、环境、技术创新等方面的影响。

外部性最早由马歇尔在《经济学原理》一书中提出，在经济学的外部性理论中，运输业务中发生的外部性的程度和性质取决于该运输方式在经济中的重要性和交通基础设施固有的运输特性。

高速铁路具有行驶速度快、安全舒适度高、乘坐体验好、对环境污染小等技术经济特性，在运输业中具有重要地位，有越来越多的乘客选择高速铁路出行，因此，高速铁路在保证劳动力跨区域配置和促进经济增长方面发挥了重要作用，这体现了高速铁路经济效益的外部性。高速铁路作为一种服务全国、与居民生活和出行息息相关的重要基础设施，其产生的社会效益的外部性更应该引起我们的注意。此外，高速铁路的迅速发展也会对其他运输方式（如民航、公路等）产生替代作用，从而对乘客的社会效益产生影响，这是高速铁路的社会外部性影响之一。高速铁路开通对乘客社会效益的影响机制如图 3-4 所示，通过影响供给侧旅客出行的可选集和需求侧人们的出行偏好两方面进而影响乘客社会效益。

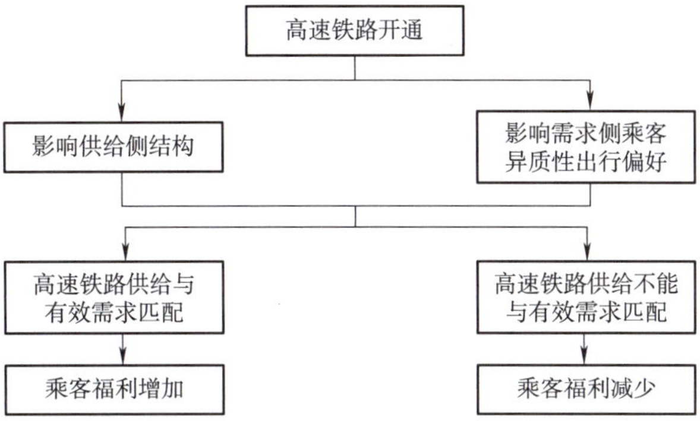

图 3-4　高速铁路对乘客社会效益的影响机制

无论是供给侧还是需求侧，高速铁路都是通过影响人们出行的供需匹配进而影响其社会效益的。在供给侧，高速铁路的开通使得人们面临一个在出行时间、出行成本、出行体验等方面不同于以往的运输方式，扩大了人们出行可选集。其他运输方式也会对高速铁路的进入做出策略性反应，以适应高速铁路的竞争，最终结果是市场结构的改变以及各种运输方式之间的新均衡状态。在需求侧，高速铁路所提供的准时、舒适、安全、便捷的运输服务可能会改变人们的异质性出行偏好，高速铁路提高了城市间可达性，加速了技术、知识等要素的扩散，使城市之间的经济交流更频繁，同时也使得乘客更偏好高速度的高速铁路出行，改变了运输市场的需求结构。如果高速铁路开通使得供给与有效需求匹配，那么社会效益会增加，如果不能使得高速铁路供给与有效需求匹配，那么乘客的社会效益会减少。

3.3.1　高速铁路对民航的社会效益影响

高速铁路与民航是两种在一定范围内起相互替代作用的快速交通方式。高速铁路和民航都提供舒适、快速的长途客运。与民航相比，高速铁路在网络连通性、总旅行时间和成本方面更具有竞争力。自21世纪初以来，为了促进经济增长，中国开始建设国家高速铁路网络。随着高速铁路线路的不断完善，高速铁路的社会效益越来越受到关注。人们对高速铁路最关注的是经济效益方面，高速铁路提高了国家和地方的经济增长，还减小了中国区域经济差异，促进了区域经济融合。高速铁路所带来的社会效益也逐渐引起人们的关注，许多研究考察了民航与高速铁路之间的竞争，但是，高速铁路对民航的影响还没有得到很好的实证理解。

全面正确认识高速铁路对民航旅客的影响，对于交通运输企业制定发展战略具有重要作用。高速铁路对民航的冲击程度受多种因素的影响：首先是高速铁路的运行时间和频次，其次是市场结构，最后是票价水平。根据发展经济学的基本原理，中长期范围内，在某一产业的产能供给能够得到保障的情况下，该产业的发展由需求决定。对民航业来说，中长期范围内，由于民航的产能一般能够得到保障，民航业的发展由社会对民航运输的需求决定。在中长期范围内，高速铁路能够更好地与民航进行专业化分工，在不同市场范围内发挥各自的比较优势；高速铁路能够为民航门户机场输送客流，形成合作互补关系；高速铁路能够通过竞争促使民航优化网络布局，提高服务质量，从而高速铁路的发展能够让民航更好地高质量发展，提高民航供给质量和服务质量，更好地服务于民航强国、交通强国的国家发展战略。

从战略层面看，在进行环境分析和制定战略目标时，我们要将高速铁路作为一种有利因素来考虑。在确定基地布局和制定网络规划时，要将高速铁路中长期内对民航发展的促进作用作为基本影响因素来考虑，实现高速铁路与民航的融合发展。目前有关高速铁路和民航的研究，学者们都主要集中在两者竞争的市场均衡、经济影响以及各种交通因素和价格水平等，并且主要是利用实证分析，博弈论等方法。但也有研究分析了高速铁路与民航合作给社会带来的潜在效益，因为高速铁路与航空运输有互补效应，不同的运输方式会诱发不同的运输需求，在一定程度上两者相互促进，相互发展。

两者之间的社会效益也是互相影响的，随着高速铁路对民航旅客社会效益的影响不断加大，学者们从社会效益的角度出发进行了一系列的研究。Wei Wang从社会效益最大化的角度分析了高速铁路运营者在数量竞争、价格竞争、速度决定下的数量竞争(数量-速度竞争)以及民航与高速铁路的数量和频率竞争的决策。研究表明，高速铁路与民航的数量、价格和量速处于竞争下，高速铁路运营者的社会最优目标权重主要取决于高速铁路运输系统的潜在市场规模和高速铁路的吸引力。而在量频竞争下，在高速铁路方便、快捷、安全等服务品质及市场吸引力基础上，高速铁路运营者的社会最优决策权重受到其市场规模的影响。

除此之外，有关高速铁路和民航对环境的影响，也是人们不断关注的重点。D'Alfonso等人对此做了进一步的研究，构建了一个分析框架，来评估高速铁路和民航之间的竞争对环境的影响，同时指出诱发需求的影响。李佳勇在此基础上研究了高速铁路与民航时速相同时，高速铁路和民航的客运量和班次频率的变化情况，并且还研究了高速铁路和民航运输碳排放之间的比率对结果的敏感性，以及社会效益的权重对高速铁路目标函数变化的影响。研究发现，当二者的碳排放比率增加时，或者当高速铁路目标函数中社会效益的权重变大时，二者的竞争对环境的影响很大可能是负面的。其次，高速铁路的定价问题也会间接影响民航的社会效益，高速铁路的开通运营，引起了消费者对民航的需求有所下降，民航的收益也随之下降，随着社会效益在高速铁路货运定价的考虑比重的降低，高速铁路和民航的均衡价格将会提高。另外，当高速铁路的速度提升后，均衡价格的变化与提速的边际成本和社会效益的比重存在密切关系。总而言之，高速铁路和民航之间相互促进，相互影响，该影响不仅体现在经济方面，在社会效益方面也很明显。

3.3.2　高速铁路对普速铁路的社会效益影响

随着高速铁路网线的不断完善，高速铁路与普速铁路共存的复合型运输通道上，高速铁路具有速度快、舒适度高的特点，普速铁路的速度相对较慢，但是价格较低。高速铁路的开通对普速铁路运输产生了一系列的影响，例如，高速铁路开通对普速铁路的货运情况、普速铁路与城市空间格局以及社会效益等都会产生影响。随着高速铁路的不断开通，高速铁路线网对普速铁路乘客的出行产生的重大冲击。对于那些普速铁路车次减少或停开、民航航线调整甚至取消的城市，乘客出行方式可选择的空间反而有所缩减，社会上甚至出现了“被高铁化”的声音。高速铁路对普速铁路的影响主要包括两方面：首先，高速铁路对普速铁路的客运量产生了一定的影响，可以增加普速铁路旅客列车的开行量，提高了普速铁路的客运量，增加普速铁路乘客的社会效益。其次，铁路部门可能会根据市场需求采取一系列非市场的手段取消或者减少已有的普速铁路旅客列车的开行量，这将导致希望选择乘坐普速旅客列车出行的乘客出行需求不能被满足，供给与需求不能同时满足就导致普速旅客列车乘客的社会效益被损害。

例如，根据数据显示，2008 年中国高速铁路营业里程数只有 671.5 km，铁路营业里程数近 8 万 km，高速铁路占比仅为 0.84%。截至 2021 年，我国铁路营运总里程突破 15 万 km，全国铁路新增运营里程超过 4 000 km，其中高速铁路约 2 150 km。2021 年 12 月 30 日，京港高速铁路安九段开通运营，我国高速铁路营业里程超过了 4 万 km。

在客运量方面，高速铁路也比普速铁路存在明显优势。2008 年，高速铁路客运量仅为 734 万人，十年后爆发式增长到 20.5 亿人。2020 年，全国铁路拥有动车组 3 918 标准组、31 340 辆，完成旅客发送量 21.6 亿人，其中，高速铁路客运量比重达到 70.7%，客运周转量比重达到 58.6%。铁路客运服务质量不断提高。铁路部门以市场为导向，动态调整客运能力供给，精准实行“一日一图”。全面推行电子客票，旅客持身份证可在全国近 2 900 个高速铁路和普速铁路车站“一证通行”，惠及 99%以上铁路出行人群。同时，保留并完善传统售取票方式，保证了老年人和脱网人群的出行需要。在京沪高速铁路、成渝高速铁路试点服务提质和灵活调价相结合的经营机制,满足旅客多样化市场需求。

在铁路线网的分布区域方面,我国高速铁路网分骨干网、重要的区域网、大城市之间的城际铁路等三种类型,其中,骨干网就是指《中长期铁路网规划》规划的"八纵八横"干线网,即武广高速铁路、京沪高速铁路、京港高速铁路、京哈高速铁路、徐兰高速铁路等;重要的区域网包括贵广高速铁路、西成高速铁路等;城际铁路包括京津城际铁路、沪宁城际等。中国高速铁路主要分布在中国的中东部地区,基本覆盖主要人口聚集区。而中国西部地区主要是以普速铁路连接。高速铁路对普速铁路的社会效益的影响不仅停留在乘客的供给需求方面,在线路开通以及分布区域都有明显的影响。

3.3.3 高速铁路对长途大巴的社会效益影响

高速铁路的出现对其他可替代的运输方式产生了不同程度的冲击。在高速铁路与其他运输方式的竞争与合作对社会效益的影响方面,多数文献研究了高速铁路与民航的竞争与合作、高速铁路对普速铁路的冲击对社会效益的影响,很少有文献研究高速铁路对长途大巴的社会效益。但是高速铁路和长途大巴作为乘客中短距离出行的两个相互可替代的交通方式,高速铁路新进入市场势必会影响乘客的可选集,甚至会改变乘客的出行偏好,从而会对乘客的社会效益产生影响。

我国对长途大巴中的"长途"并没有明确的定义,只规定了行驶距离 800 km 以上为超长途大巴,但是一般行驶时间超过两三个小时,或是行驶距离超过两三百公里,还有跨省跨市运营的客车一般都可以看作长途大巴。与普速旅客列车一样,长途大巴也有卧铺票和坐票,卧铺票相对更贵一些,但是出于安全性的考虑,卧铺长途大巴已经逐渐退出市场,因此,本书主要分析的还是上述定义的座位长途大巴。

长途大巴的技术经济特性是,行驶速度慢,平均速度在100 km/h;一般在固定的两个城市之间来回往返,中途不停站;票价偏低且乘客的乘坐体验比较差,舒适度低;行驶更灵活,可以在中小城市以及城镇运营;客运站的地理位置比较好,乘坐方便。因此,选择长途大巴出行的旅客一般时间价值较低、对票价更敏感,或是更追求无中转换乘。

就高速铁路和长途大巴来说,两者存在竞争重叠区。高速铁路比长途大巴更安全、更准时、更舒适,并且出行时间更短,因此,高速铁路进入市场后,使得大量原来偏好长途大巴出行的乘客转而选择高速铁路,节约了这部分乘客的出行时间,高速铁路供给与这部分有效需求相匹配,提高了乘客的社会效益。但是对于小部分乘坐长途大巴出行更便利以及对票价更敏感的乘客来说,高速铁路开通后由于相关市场长途大巴减少发车频次甚至停开,高速铁路供给与需求错配,会导致这部分乘客社会效益的损失。

在高速铁路开通的运输市场上,虽然长途大巴在逐渐退出,但两者仍然存在合作以增进乘客社会效益的可能。长途大巴做好和高速铁路的接驳服务,在高速铁路未触及的市场上提高自己的服务质量,既能提高乘客的社会效益也能提高长途大巴公司的收益。

3.3.4 高速铁路对私家车和网约车的社会效益影响

在高速铁路对社会效益的直接影响的文献中，很少有以对私家车的社会效益影响为主题的。一方面由于私家车社会效益的相关数据更难获取，其效益变化更难衡量；另一方面，高速铁路与私家车的竞争关系远不如高速铁路与民航、普速铁路的竞争那样激烈，高速铁路与私家车好像在合作方面表现得更加明显。

高速铁路的快速发展极大地方便人们的生活，随着全国主要城市群的“一小时交通圈”“半小时交通圈”的逐渐普及，人们乘坐高速列车出行，将像乘坐公交车出行一样方便。一方面这可以减少同一个城市群内甚至相邻城市群之间，人们选择私家车出行的频率，出行时间也大大缩短，能够提高其社会效益；另一方面，高速铁路开通会减少私家车出行，但是在方便性指标上不如私家车，对其社会效益产生负向影响。

高速铁路对私家车的社会效益影响机制也可以用图3-4来解释：一方面，高速铁路影响了客运市场上的供给侧，向市场提供了可以替代私车出行的交通运输工具，增加了供给产品的数量和质量；另一方面，高速铁路影响了客运市场上的需求侧，使得运输市场上的私家车主能够按照自己的偏好选择适合自己出行的包括高速铁路和私家车在内的交通出行方式，从而可以提高私家车主的社会福利水平。由于长距离人们很少选择私家车出行，因此我们主要讨论中短途运输市场。我们以城市（尤其是大城市）内的通勤为例，城际铁路往往是人们使用私家车通勤的强有力的替代选择。城际铁路相比于私家车来说，可以减少通勤成本，并且不必忍受拥堵，提高了到达公司的准时性，高速铁路供给与有效需求相匹配，提高了这部分私家车的社会效益。随着大城市圈的形成，中心城市在就业、消费等方面相比于中小城市更具有吸引力，但是人多地少的现实决定了大城市房价的持续高涨，有更多的人选择职住分离，而高速铁路相比于私家车更能满足这部分居民的出行需求，供需相匹配，提高了这部分私家车的社会效益。

高速铁路也会对以滴滴打车为代表的网约车市场施加影响，城际铁路和网约车市场的顺风车竞争重合度比较高，当城际铁路的发车频率满足乘客的需求时，如果高速铁路提供的延伸服务得到进一步增强，则其在于网约车的竞争中将处于绝对优势。因此，高速铁路对网约车的效益影响可能为负。但是，由于高速铁路增加了网约车乘客的选择性，这肯定正向影响了经常乘坐网约车乘客的社会效益。

3.4 高速铁路对社会效益间接影响分析

3.4.1 高速铁路的碳排放及其社会效益影响

高速铁路对社会效益的影响除了直接效应，还有间接效应，间接效应更为广泛，影响更为深远。本书主要从高速铁路的碳排放及其社会效益影响、高速铁路的网络性及其社会效益影响两个方面进行分析。

对于高速铁路的碳排放及其社会效益影响，中外学者主要集中于两个视角进行分析，其一为碳排放总量，其二为碳排放的效率。而具体到每个视角，亦有正反不同的观点。

1. 高速铁路对碳排放的总量的研究

高速铁路的出现会产生两种不同的效果：一方面，高速铁路会提高可达性，然后将部分客流转移到普速铁路或其他交通工具上，这将减少交通运输的碳排放；另一方面，高速铁路的出现会诱发新的客流，即使不增加新的客流，高速度带来的高能耗也会增加 CO_2 的排放。学者们的研究也证明了这样的观点。

张汉斌指出，我国高速铁路建设具有间接节地效应、增量货运替代效应和增量客运替代效应。例如，武广高速铁路，初步得出高速铁路每公里比普速铁路每年减少排放 CO_2 2 190.55 t 的结论。Li 等利用协整与误差修正模型研究了不同运输方式碳排放量的短期和长期关系。研究发现，公路、民航、水运等设施的扩建在长期内会增加碳排放，而铁路设施的扩建在短期内也会增加碳排放，但在长期内会减少碳排放。Li 等认为，随着高速铁路网的不断扩大，高速铁路对民航和公路运输的替代作用逐渐增强，这种运输效应降低了碳排放。Kemei Yu 等人应用一个增强的引力模型，研究了 2013—2017 年 546 个城市的铁路速度提高对航空旅行需求和 CO_2 排放的影响。平均而言，加权铁路运营速度从 2013 年的 100.9 km/h 提高到 2017 年的 141.2 km/h。各细分市场民航旅客人数下降 29.84%，铁路运营速度提高 39.94%。研究期间，约有 1.049 2 亿名民航旅客因铁路提速、服务改善而转乘高速列车，减少1 357 万t CO_2 排放。这表明，从民航到高速铁路的转变提高了环境的社会效益。

2. 高速铁路对 CO_2 减排的长短期效应以及区域异质性的研究

蒋茂荣等认为高速铁路前期基础设施建设带来的 CO_2 排放总量略大于普速铁路，表明高速铁路前期建设在环境方面处于相对劣势，但考虑到高速铁路建成运营后清洁、稳定、高速的特点，高速铁路在环境方面的优势将逐步显现。刘李红、李红昌认为高速铁路带来的广义可达性的改善对城市碳排放有着显著的影响，可以促进区域均衡发展。张般若、李自杰认为高速铁路对碳排放强度的影响还取决于该地区原有交通基础设施的完善程度，与其他地区相比，我国东部地区的交通基础设施相对完善，在第三产业占主导地位的东部地区作用有限，而在中西部地区作用较强。因此高速铁路对碳排放强度的影响西部地区更显著。

3. 高速铁路对 CO_2 也不完全是正向效应研究

Akerman 等对欧洲高速铁路的研究发现，高速铁路的运营将减少温室气体的排放，但由于施工期间原材料的大量隐性排放，最终的结果可能不会对减排产生显著影响。Tiziana 等开发了一个双寡头模型来分析高速铁路和民航竞争对环境和社会效益的影响。分析结果表明，高速铁路的引入可能对环境产生净负面影响。

4. 高速铁路对碳排放的效率的影响研究

高速铁路是我国铁路近十几年来的一项重要创新成果。在短短的十几年时间里，高速铁路线路向四面八方延伸。与普速铁路相比，高速铁路在安全性、速度、环境污染等方面存在明显差异，对铁路碳排放效率有积极影响。但是，Wu 等认为我国“被高铁”现象严重，高速铁路运输能力不能得到有效利用。从长远来看，大规模建设高速铁路将降低其碳排放效率。于克美等认为高速铁路与碳排放效率之间存在倒“U”形关系，表明高速铁路确实可以在一定里程范围内提高碳排放效率，但超过一定里程范围，对碳排放效率没有影响。

3.4.2　高速铁路的网络性及其社会效益影响

所谓网络效应，是指网络价值随着网络规模的增加而增加。这种价值的提高来自网络的外部特征，即当一种消费或生产活动对其他消费或生产活动产生间接影响而市场价格没有反映出来时，就会产生外部性。对于高速铁路来说，我国高速铁路的不断发展组成了庞大的高速铁路网，也产生了鲜明的网络效应。

1. 高速铁路的网络性正向影响

卞元超等认为，高速铁路的开通能够促进区域创新水平的提高，这主要取决于高速铁路开通所带来的创新要素的流动效应，高速铁路的开通能够进一步拉大区域间的创新差距。王春杨等发现，高速铁路的开通可以提高东西部沿线城市的创新产出，但对中部地区影响不显著，有利于缩小区域间的创新差距。杨思莹等认为，一方面，高速铁路开通对城市创新具有“俱乐部效应”，促进了已开通高速铁路城市内部技术创新的均衡发展，降低了已开通高速铁路城市的创新差距。另一方面，高速铁路的开通也将强化已开通高速铁路城市与未开通高速铁路城市科技创新二元化的发展趋势，拉大已开通高速铁路城市与未开通高速铁路城市之间的创新差距。赵星等认为城市高速铁路网的本地技术创新效应和邻地技术创新效应均表现出显著的正效应，邻地效应的传导机制是高速铁路网通过促进城际技术溢出促进地方技术创新水平的提高。邻地效应的有效空间半径为 500 km，最佳半径为 400 km。

2. 高速铁路的网络性负向影响

张梦婷等认为高速铁路开通对周边城市企业生产率有负面影响，影响值为 12.46%。高速铁路改善了区域市场准入，促进了周边城市资本、劳动力等生产要素向中心城市的集聚，对周边城市产生虹吸效应，进而对周边城市的企业生产率产生负面影响。李建成等认为如果区域内外城市之间的距离差距较大，高速铁路的建设将对区域内的知识合作产生负面影响。另外，随着城市间高速铁路直达线路的增加，知识资源配置的不平衡程度会先减小后增大。

3. 高速铁路对铁路货运网络效应影响

不同走廊的效应在空间上有所不同，人们发现高速铁路对普速铁路客运有替代效应。此外，普速铁路客运的运营能力与普速铁路货运的运营能力呈负相关，这证实了普速铁路客运的服务削减有助于普速铁路货运能力的提高。分析还表明，高速铁路通过其对普速铁路客运的替代效应促进了普速铁路货运运力的扩张。这些发现为交通规划者优化运营计划提供了重要的启示，以提高铁路各种服务的性能。

3.5 高速铁路社会效益影响的传导机制

3.5.1 高速铁路的溢出效应传导机制

高速铁路作为一项准公共产品，其具有溢出的外部性特点是毋庸置疑的。外溢效应（指正外部性）是经济学中一个重要而又难以界定的理论命题。外溢效应的理论基础主要来自外部性经济理论，其理论渊源可追溯到1756—1776年的重农学派关于农业部门对非农部门的外溢效应。而目前外部性主要可以从马歇尔外部性、Jacob外部性、波特外部性三个方面进行分析探讨。

马歇尔在《经济学原理》一书中曾经分析过产业集聚的外部性。他把“遵循相同技术贸易的人从邻近社区彼此获得的优势”归因于三种不同类型的聚集外部性：大量的劳动力资源外部性、易获得的当地市场外部性和知识溢出外部性，并将这种聚集带来的生产效率的提高称之为“外部经济”。后来的学者对这个理论进行了大量的研究和补充，从内生增长的角度完善了马歇尔提出的外部性，这种外部性即被称为马歇尔外部性，也称为专业化。而Jacob在讨论城市的起源中认为，是产业的多样性激发了经济的增长，这种跨行业的技术溢出、技术互补等带来的好处被认为是Jacob外部性，也称为多样化。Porter则在分析一个地区竞争力时认为企业的竞争会促使该地区经济增长，因而这种外部性被称为Porter外部性，也称为竞争性。

1. 溢出效应对生产者剩余的影响

高速铁路促进了沿线区域经济活动的集聚与扩散。高速铁路开通后，区域以内以及区域之间的可达性得到了大幅提升，区位优势也得到了进一步强化和体现，在这个过程中提高了资源的配置效率，促进了第二产业和第三产业的劳动要素投入和产出增长。同时，高速铁路加快了要素流动的速度，劳动和资本对经济增长的贡献在此过程中也发生了显著的变化，劳动和资本对经济增长贡献能力也得到了明显提升。在这个过程中，区域间聚集力与分散力的平衡也被改变，这种改变是内生、自组织的，区域空间格局会持续演化直至再次达到动态平衡。随着我国高速铁路网络覆盖区域越来越广，不同区域间将连成一个整体，进一步加深了区域间经济活动联系，扩大了产业的边界与辐射范围。在实现规模经济和范围经济的同时，也在客观上促进了企业之间的竞争，这些对于地区经济增长都呈现出正外部性，对产业供给方而言，互相促进与互相竞争的过程也将最终带来经济效率的提高，从而提高其生产者剩余。

2. 溢出效应对消费者剩余的影响

高速铁路的开通对于消费者剩余也有着重要影响，高速铁路的速度优势能够节省商品和旅客在运输旅途中的时间，产生空间收敛效应，即旅行时间缩短，提高运输效率。对于整个社会的运输服务消费者而言，空间收敛效应意味着整体时空成本下降的普遍趋势，从而对于整个运输行业的成本与价格产生影响，降低了消费者所需支付的经济成本，在流动上为消费者缩短了运输时间，降低了时空成本，从而提高消费者剩余。

3.5.2　高速铁路的技术创新传导机制

目前已有大量学者研究交通基础设施对要素生产率乃至技术创新水平的影响能力。高速铁路作为交通基础设施中的核心力量，其对技术创新的影响是不言而喻的。Coombs 和 Metcalfe 指出，产业的发展将出现技术多样性水平不断增加、系统复杂性变大以及现代科学与技术的融合愈加紧密的三大趋势。在这种情况下，企业为了快速寻找商机，将自发地与其他企业合作创新并从中降低成本，获得利润。高速铁路的建设，为这种企业之间的创新活动提供了诸多便利条件，从而加快知识传播与溢出，提升创新水平，并缩小开通高速铁路城市之间创新差距，也就促进了企业之间的跨行业技术溢出、技术互补。Ahlfeldt 等基于 1992—2009 年德国县级数据，考察高速铁路对产业集聚的影响，研究表明高速铁路有助于邻近区域产业集聚，主要依赖于知识溢出和劳动力流动，且影响程度伴随距离增加呈减小趋势。

此外，还有一批学者探究了中国的高速铁路对技术创新的影响。卞元超等认为，高速铁路开通有助于促进区域创新水平的提升，主要依赖于高速铁路开通后导致的创新要素流动效应，促使不同地区创新积极性的发挥。王春杨等发现，高速铁路开通有助于提高东部和西部地区高速铁路沿线城市创新产出，对中部地区作用不显著，且有利于缩小地区间创新差距。郭立宏和冯婷认为，高速铁路开通有助于提升地区技术创新水平，且对人口规模中等及较低城市、产品市场化程度中等及较高城市和要素市场化程度中等及以下城市的作用较为显著。

在地理空间上，高速铁路的建设实现了空间可达性的提升，但从更深层次的角度来看，知识可达性在高速铁路建设的过程中也得到了大幅提升。某种程度上讲，知识可达性对经济发展水平乃至社会福利水平有着更为深远的影响。在高速铁路建设之后，高速铁路沿线城市出现了企业大量集中的高新技术园区、产业园区、高铁新城等城市功能板块。相比于一般要素的流动，高新技术人才的集聚将给技术创新带来最为原始且核心的动力。对于高新技术产业而言,高速铁路的开通降低了人员流动的时间成本,对于降低通勤时间,解决人才的职住分离问题具有重大意义。同时,高速铁路的开通也将促进了沿线地区客流的频繁来往,在这个过程中信息、技术等交流也就更加频繁,从而促进沿线地区的知识交流,增强了沿线区域的知识可达性。而知识可达性的提高,大大促进了人才集聚与知识溢出,从而提高了生产效率,改善整个社会的福利水平,如图 3-5 所示。

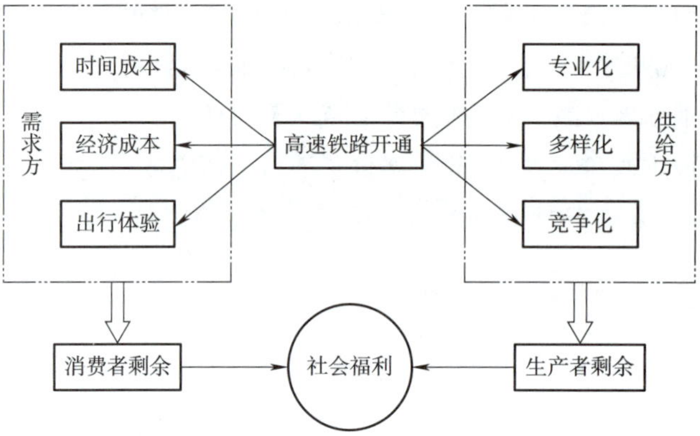

图 3-5　高速铁路溢出效应影响社会效益的传导机制

3.5.3　高速铁路的城市集聚传导机制

城市经济的集聚是城市在时空上所呈现出来的一种经济和地理形态。而交通运输成本则是影响城市集聚水平的最核心的影响因素之一。高速铁路的修建,大幅缩短城市之间的时空距离,提高了沿线城市之间的空间可达性,从而影响了聚集的租金。所谓聚集租金,指的是在城市的核心-边缘结构下,对可流动要素(从业人员)而言,核心区与边缘区的实际收入水平存在着的差异值。而交通可达性的提升,对聚集租金的流向和流量都会产生相应的影响,从而改变城市集聚的布局与结构。石林等认为高速铁路的开通不仅对区域经济有明显的促进作用,而且产生了明显的梯度差异,不同区域之间的发展相互协调,促进了经济一体化的发展。而董艳梅等在原有的新经济地理学研究框架中加入了"高速铁路建设"的因素,与当前区域经济发展相一致。同时,构建了以经济增长、就业和工资的空间影响为研究对象的理论模型。研究结果表明,高速铁路的建设和运营可以直接或间接影响区域经济发展的方式和程度,优化经济空间结构。年猛认为随着高速铁路建设运营时间的增加,高速铁路对沿线地区的影响不断积累,对区域经济增长的促进和带动作用越来越明显。同时,高速铁路具有明显的空间邻近效应,对高速铁路相邻区域产生更强的正向影响。高速铁路的运营有助于缩小地区差距,促进经济空间均等化。

从核心-边缘结构的空间结构角度来看,核心区域的集聚将通过虹吸效应与溢出效应对其他边缘地位的城市产生双向影响。虹吸效应是城市集聚效应的一种具体表现,核心城市由于其自身的区位优势，对周边城市的资本产生强大的吸引力，对周边城市产生虹吸效应。在这个过程中，边缘地位的城市将处于不利地位，其本身的发展速度将因此受到迟缓影响。但另一方面，核心城市又会对边缘城市产生溢出效应。这是因为城市由于受到土地、环境、租金、劳动力等因素的影响，其本身的空间容纳力是有限的。因此当核心城市发展到一定水平之后，必然产生外溢现象，从而对周边城市的经济起到推动作用。

高速铁路的建设，本质上降低了城市之间的沟通壁垒，提高了可达性，从而促进了要素的流动，加速了虹吸效应与外溢效应的进程。在这个过程中也同时影响了沿线城市地区的福利水平。高速铁路的开通，强化了虹吸效应，对于核心城市而言，加速了城市集聚，也使得核心城市的经济水平进一步提升，城市社会福利水平也得到了增加。对于边缘地位的城市而言，当地的经济发展速度显著放缓，人民的生活水平相比于核心地区增长速度明显降低，因此社会福利也将受到影响。而外溢效应的强化，也使得大城市集聚发展的经济成果溢出到周边城市，从而对相对落后的边缘城市产生带动作用。这两个效应之间的动态平衡，决定了核心-边缘的城市分布结构中社会整体的福利水平是增加还是减少。

参考文献

[1] 荣朝和，林晓言，李红昌. 运输经济学通论[M]. 北京：经济科学出版社，2021.

[2] 荣朝和. 论时空分析在经济研究中的基础性作用[J]. 北京交通大学学报（社会科学版），2014，13(4)：1-11.

[3] 弗尔迈耶. 自然的经济史[M]. 王志毅，译. 杭州：浙江大学出版社，2012.

[4] 荣朝和. 交通-物流时间价值及其在经济时空分析中的作用[J]. 经济研究，2011(8)：133-146.

[5] 荣朝和. 互联网共享出行的物信关系与时空经济分析[J]. 管理世界，2018，34(4)：101-112.

[6] 荣朝和，李星潺，王学成，等. 论分布式运输供给的转型趋势[J]. 北京交通大学学报（社会科学版），2020，19(3)：18-31.

[7] 林晓言，石中和，罗燊，等. 高速铁路对城市人才吸引力的影响分析[J]. 北京交通大学学报（社会科学版），2015，14(3)：7-16.

[8] 朱达. 基于旅客出行选择的旅行时间价值研究[D]. 北京：北京交通大学，2008.

[9] 赵延龙，刘振奎. 铁路旅客旅行时间价值分析方法[J]. 兰州铁道学院学报，1998(4)：27-31.

[10] 南敬林. 京沪通道旅客行为时间价值研究[J]. 铁道经济研究，2002(3)：36-38.

[11] 李博，赵鹏，宋文波. 基于旅客时间价值的高速铁路差别定价[J]. 北京交通大学学报，2018，42(4)：98-103.

[12] 翟筱松，郭晓黎，李红昌，等. 基于交通运输方式选择的旅客出行时间价值研究[J]. 河北工业科技，2020，37(2)：83-89.

[13] BASIL S, JOSEPH M, STEFANIE P, et al. The value of travel time savings and the value of leisure in Zurich: estimation, decomposition and policy implications[J]. Transportation research Part A: Policy and practice, 2021, 150: 186-215.

[14] LARS H. A note on high-speed rail investments and travelers' value of time[J]. Journal of rail

transport planning and management,2013,3(1):14-21.

[15] 郭靖. 基于铁路旅客效用最大化的出行选择服务方案优化研究与系统[D]. 北京:北京交通大学,2012.

[16] 任新惠,周夕钰. 考虑旅客效用的航空公司选座费定价模型[J]. 价格月刊,2016(9):22-27.

[17] 李红昌,于克美,王新宇. 中国高速铁路对乘客效益影响:基于2013—2017年面板数据的多期离散选择模型分析[J]. 数量经济技术经济研究,2019,36(10):96-114.

[18] 李元勋. 高铁与民航竞合博弈对环境和社会效益的影响研究[D]. 北京:北京交通大学,2020.

[19] WANG W, SUN H J, WU J J. How does the decision of high-speed rail operator affect social welfare? Considering competition between high-speed rail and air transport[J]. Transport policy, 2020,88:1-15.

[20] 王焯,蹇明. 基于博弈论的高速铁路与航空货运定价影响研究[J]. 铁道科学与工程学报,2019,16(10):2414-2420.

[21] 林晓言. 高铁经济研究成果述评及基础理论走向[J]. 北京交通大学学报(社会科学版),2018,17(4):20-37.

[22] STETJUHA A. Manifestation and record of the externalities in the transport services implementation [J]. Procedia engineering,2017,178:452-460.

[23] 张汉斌. 我国高速铁路的低碳比较优势研究[J]. 宏观经济研究,2011(7):17-19,49.

[24] LI X,FAN Y,WU L. CO_2 emissions and expansion of railway,road,airline and in-land waterway networks over the 1985—2013 period in China:A time series analysis[J]. Transportation research Part D: Transport and environment,2017,57:130-140.

[25] LI H C, YU K M, WANG K, et al. Market power and its determinants in the Chinese railway industry[J]. Transportation research Part A:Policy and practice,2019,120:261-276.

[26] 蒋茂荣,范英,夏炎,等. 中国高铁建设投资对国民经济和环境的短期效应综合评估[J]. 中国人口·资源与环境,2017,27(2):75-83.

[27] 刘李红,李红昌. 高铁与城市交通对城市碳足迹影响研究[J]. 北京交通大学学报(社会科学版),2017,16(4):17-29.

[28] 张般若,李自杰. 高铁能促进低碳经济吗?:高铁开通对城市碳排放强度的影响及机制研究[J]. 华中科技大学学报(社会科学版),2021,35(1):131-140.

[29] AKERMAN J. The role of high-speed rail in mitigating climate change-the Swedish case Europabanan from a life cycle perspective[J]. Transportation research Part D:Transport and environment, 2010,16(3):208-217.

[30] WU J,NASH C,WANG D. Is high speed rail an appropriate solution to China's rail capacity problems [J]. Journal of transport geography,2014(40):100-111.

[31] 于克美,武剑红,李红昌. 我国铁路运输业碳排放效率与影响因素分析[J]. 技术经济,2020,39(11):70-76,86.

[32] 吴泗宗,蒋海华. 对网络外部性的经济学分析[J]. 同济大学学报(社会科学版),2002(6):70-77.

[33] 卞元超,吴利华,白俊红. 高铁开通是否促进了区域创新?[J]. 金融研究,2019(6):132-149.

[34] 王春杨，孟卫东，凌星元. 高铁能否提升沿线城市的创新能力?：基于地级城市专利数据的分析[J]. 研究与发展管理，2020，32(3)：50-60.

[35] 杨思莹，李政. 高铁开通对区域创新格局的影响及其作用机制[J]. 南方经济，2020(5)：49-64.

[36] 赵星，董直庆. 高铁网络的技术创新效应与空间作用特征：基于"本地-邻地"视角[J]. 财经科学，2020(7)：106-119.

[37] 张梦婷，俞峰，钟昌标，等. 高铁网络、市场准入与企业生产率[J]. 中国工业经济，2018(5)：137-156.

[38] 李建成，陈建隆，邓敏. 地理约束、合作与劳动力知识分配空间偏好[J/OL]. 统计研究：1-15[2021-04-10]. http://kns.cnki.net/kcms/detail/11.1302.C.20210128.1014.002.html.

[39] 孙学涛，李岩，王振华. 高铁建设与城市经济发展：产业异质性与空间溢出效应[J]. 山西财经大学学报，2020，42(2)：58-71.

[40] 李新光，黄安民. 高铁对县域经济增长溢出效应的影响研究：以福建省为例[J]. 地理科学，2018，38(2)：233-241.

[41] 杨思莹，李政. 高铁开通对区域创新格局的影响及其作用机制[J]. 南方经济，2020，368(5)：49-64.

[42] 郭立宏，冯婷. 高铁开通能促进区域技术创新吗：基于 255 个地级市面板数据的实证分析[J]. 现代经济探讨，2019(2)：127-132.

[43] 石林，傅鹏，李柳勇. 高铁促进区域经济一体化效应研究[J]. 上海经济研究，2018(1)：53-61.

[44] 董艳梅，朱英明. 高铁建设能否重塑中国的经济空间布局：基于就业、工资和经济增长的区域异质性视角[J]. 中国工业经济，2016(10)：92-108.

[45] 年猛. 交通基础设施、经济增长与空间均等化：基于中国高速铁路的自然实验[J]. 财贸经济，2019(8)：146-161.

第 4 章 案例视角的高速铁路社会效益影响分析

高速铁路在国内外均取得了显著的社会效益，本章对国内和国外案例进行了分析。从国内来看，自 2008 年以来，我国高速铁路得到了快速发展，涌现出了一批具有代表性的高速铁路案例，并取得了一定的社会效益，产生了显著的经济乘数效应，对区域经济的促进作用明显，加快了工业化和城镇化进程。高速铁路对京津冀城市群的影响、对长三角城市群的影响、对粤港澳大湾区的影响、对长江中游城市群的影响、对成渝城市群的影响等，均是具有代表性的案例。从国外来看，日本新干线、法国 TGV、西班牙 AVE、德国 ICE 等在区域经济社会发展的相关案例中，也有着显著的社会效益影响。

4.1 国内案例分析

历史上，每一次交通方式的革命性突破，都深刻影响了一个地区乃至国家的发展。高速铁路作为当今“交通革命”的一个重要标志，在区域经济发展中不可避免地产生“高铁效应”，正越来越成为社会各界关切的热点。高速铁路的开通在各个方面都对社会效益有着重要的影响。

4.1.1 高速铁路的乘数效应

高速铁路与物流、服务、商贸等产业相关联，高速铁路将沿线的城镇联系到一起，使得不同区域之间的产业相互学习、相互促进，大城市对小城镇的产业产生带动作用，并通过不断地循环、积累强化和放大这种作用，最终产生巨大的乘数效应。

例如，高速铁路对中原经济区产业发展的乘数效应。郑州自古就是商贸云集的聚散中心，市场货源丰富，商品交易繁荣。京广、郑西高速铁路的开通运营，进一步促成郑州大交通、大物流、大流通局面。高速铁路开通后，沿线城市利用自身优势加大招商引资力度，特别是在承接沿海地区产业转移方面做了不懈努力。郑州东站开通后，郑东新区高铁车站商圈改变了车站周边的投资环境，给周边商业等带来更多商机，尤其是对房地产业，产生了比较深远的影响。高速铁路运营后，到河南旅游的人数与日俱增，郑州商贸服务行业也有许多经营管理人员前往广州、深圳、武汉等地考察学习，各种方式的交流为郑州商贸服务业的发展带来了新思维，加快了郑州商贸服务业提质升级的步伐，同时高速铁路强大的人流量也对郑州传统的餐饮、住宿、娱乐等服务业带来直接经济效益。

4.1.2　高速铁路的集聚效应

在高速铁路建设过程中，通过本身的投资需求带动具有前向关联和后向关联作用的产业的生产量，形成产业集聚，进而提升产业效益。由于高速铁路高速度、大运量、高性能、公交化等优势，加速了人才、信息、技术、知识、资金等各种资源的流通与传播，形成围绕高铁车站的卫星城、围绕高速铁路沿线经济发达地区的城市圈和高速铁路沿线经济带等，形成空间集聚。

高速铁路的建设、运营不仅让居民的生活变得更加便捷，也促进了沿线城市经济的发展。例如，在郑西高速铁路建设阶段，随着线路、场站、桥隧等基础设施的建设，沿线各相关产业处于投资需求的高峰期，对钢材、水泥及相关设备等产品的消耗量巨大。除对建筑业造成影响外，高速铁路还涉及制造业（如轨道交通设备、通用和专用设备、电气机械等相关制造业）等相关产业。郑西高速铁路从 2005 年开始建设到 2010 年开通运营的 5 年建设期内，对河南省和陕西省各产业部门创造的总效益达到了 269.172 亿元。

4.1.3　高速铁路对区域经济的促进作用

高速铁路对区域经济的促进作用明显，加快了工业化和城镇化进程。随着京津、武广、郑西、沪宁等一批高速铁路的通车运营，京津冀、环渤海、长三角、珠三角、关中城市群、武汉城市圈等区域的经济发展方式转变明显加速，新的经济格局正在加快形成。高速铁路也推动了区域和城乡协调发展。高速铁路的开通运营，大幅度提高了通道内客货运输能力，促进了区域间人流、物流、资金流、信息流跨区域快速流动，已经成为区域协调发展的重要保障。此外，高速铁路的快速发展促进了产业升级，带动了高新技术产业的发展，促进了旅游业的发展。

1. 高速铁路对京津冀城市群的影响

2008 年以来，京津冀区域先后开通了京津城际铁路、京沪高速铁路和京张高速铁路等，到 2030 年，区域内城际间交通干线将全部完成，真正实现京津冀“同城化”时代。

城际交通线尤其是城际高速铁路的变化是影响区域旅游空间格局发展演变的关键要素，高速铁路网的形成对其所覆盖区域的城市旅游发展带来的直接影响是旅行时间的缩短、交通可达性的提高，从而改变空间相互作用关系，促进区域空间结构的演变。何赢综合运用首位度，位序-规模模型，旅游经济联系强度模型对京津冀旅游空间结构进行了定性定量分析，同时结合 ArcGIS 制图，得到 2005—2014 年 10 年的时间里区域旅游空间结构的变化，验证了高速铁路对京津冀区域旅游空间结构发展有着关键性的影响作用。得到高速铁路主要是通过旅游交通的时空压缩来影响旅游空间结构：一方面使整个区域旅游空间结构向均衡化方向发展；另一方面是在核心区发展更为突出的情况下，促使多核心格局形成。最终使各城市间旅游经济联系加强且趋于均衡。

2. 高速铁路对长三角城市群的影响

高速铁路网络密切联系城市，打破城市间行政边界的壁垒，淡化空间距离，加快人流、资金流在区域内的流动，各类生产要素在高速铁路站点、高速铁路沿线城市、区域内被重新分配。

(1)随着高速铁路开通，区域内经济联动更加频繁，在可承受的时间成本和资金成本下，区域内一体化效应增强。尤其是近几年，高速铁路网络的建设愈发完善，高速铁路对区域产业格局的影响效应也愈发明显。张洁通过空间分析系统地对不同类型、不同规模城市生产性服务业、房地产业和旅游业的空间格局演变特征和差异进行比较研究，发现长三角“几”字形生产性服务业产业带凸显，产业集聚中心增加，但省际发展参差不一，高速铁路可达的城市生产性服务业发展的比较优势大于高速铁路未开通城市，高速铁路可达的大城市生产性服务业发展比较优势大于中小城市。在影响大城市和中小城市生产性服务业格局的各类因素中，投资需求的影响力度都是首位，高速铁路联系次之。

(2)长三角房地产业格局呈现“多点集聚，均衡扩散”的特征，上海市、合肥市、杭州市的集聚效应显著，其他城市的集聚效应不强，同等规模城市之间产业集聚度的差异小。高速铁路开通和城市间高速铁路联系频次对房地产业格局的影响较小，对大城市房地产业影响不显著，对中小城市房地产业影响力度在各类因素中排在末位，相较之下，城市的投资需求和消费需求更大程度地影响房地产业的格局。

(3)高速铁路开通对大城市旅游业发展乘数效应显著，囿于自身资源禀赋的限制，高速铁路对中小城市旅游业的促进效应偏弱。城市间高速铁路联系的频次对旅游业格局的影响力度弱于其他影响因素，对大城市旅游业发展而言，消费需求的影响力度最大，对中小城市旅游业发展而言，经济发展阶段的影响力度最大，其次才是消费需求和高速铁路连通性的影响。

3. 高速铁路对粤港澳大湾区的影响

高速铁路通过提高区域间的可达性使运输费用降低，加速了生产资源的转移，企业为了降低成本、提高利润而重新寻找合适的厂址进行生产，企业地理位置的集中与分散影响了产业的聚集与扩散，最终改变了城市的产业结构。

粤港澳大湾区是我国经济活力较大、开放度较高的城市群，截止到 2021 年底，其高速铁路运行里程就已经超过了 2 000 km。粤港澳大湾区要想塑造成为世界一流的国际湾区，就必须合理分配区域内的资源要素，提高要素的生产效率，达到效用最大化，形成社会、经济、环境发展的一体化格局。研究高速铁路通车对城市群内部产业结构的影响效果，对于城市群依托高速铁路优势，提高产业结构的合理化和高级化，促进产业结构转型升级，助力地方经济具有重大支撑价值。李金玉利用粤港澳大湾区 2005—2017 年高速铁路开通情况、产业结构合理化指标、各行业产值比重等面板数据构建双重差分模型，分别从整体产业结构合理化、制造业、第三产业及其主要细分行业、分城市性质角度进行高速铁路对产业结构影响的实证检验。通过双差分模型实证分析发现：高速铁路开通对整体产业结构合理化有明显的促进作用；高速铁路的运行对制造业的发展有显著的正效应；高速铁路开通对第三产业起到明显的促进作用；高速铁路开通还促进了第三产业中住宿餐饮业、金融业与房地产的发展；同时，将大湾区内部城市根据制造业和服务业的比重分为制造型城市和服务型城市，发现高速铁路开通促进了制造型城市的一般服务业发展，而高速铁路对服务型城市的一般服务业和高端服务业都有显著的正效应。提出各城市要抓住高速铁路带来的机会，实现资源的合理优化配置，提高资源的利用效能，促进大湾区的经济发展和结构转型。

4. 高速铁路对长江中游城市群的影响

城市群的不断发展可以促进区域间资源统筹协调，内部各个城市之间能够分工协作，实现优势互补，充分发挥中心城市对周边城市的辐射与带动发展作用，推进区域之间就业、资源的高效分配和要素的合理流动。

当前，我国的经济发展步入了新常态，促进区域产业转型升级已经变成了城市群发展的目标和动力，而生产性服务业的发展是促进地方产业转型升级的关键。刘艳霞分析了高速铁路影响生产性服务业发展的内在机理与外在机制，得出高速铁路开通对于城市群生产性服务业的影响是以可达性的提升为基础的，可达性的提升能够提升区位优势，并进一步促进区域内的资源整合和优化市场结构，“区位-资源-市场”三位一体对生产性服务业的集聚水平产生影响；高速铁路开通对生产性服务业集聚整体在短期有促进作用，随着时间的增加转变为扩散作用，而对于各细分行业的影响存在着一定的异质性；高速铁路的影响效应对于不同规模城市也存在着一定的异质性，高速铁路能提升大城市的吸引力，促进生产性服务业的集聚，对于中小城市则刚好相反，呈现出显著的虹吸效应。

5. 高速铁路对成渝城市群的影响

高速铁路作为一种新型的交通方式，对城市间的交通便利程度和社会经济发展有着巨大的影响。高速铁路在大运量和长距离运输中占有绝对优势，在短途客运、高密度运输中，也具有很强的竞争力。王豪选取成渝高速铁路沿线的 11 个城市为研究对象，以高速铁路运营前的 2015 年和运营后的 2016 年为研究年限，将重庆、成都评为一级城市，将资阳、内江、永川、璧山市评为二级城市，将简阳、资中、隆昌、荣昌、大足评为三级城市。通过建立加权平均旅行时间模型、经济潜能模型、日常可达性模型和引力模型，综合分析得出了成渝高速铁路的开通使中小城市的经济联系提升明显，在整个区域内的经济地位得到提高，成都的区位度几乎不变，而重庆、璧山的区位度下降明显，中心城市的相对主导地位被削弱，大城市的集聚效应不再明显，高速铁路使得区域的经济优劣差距缩小，区域的经济发展总体更为均衡。

成渝高速铁路的开通极大缩短了各站点城市间的时空距离，每个城市与沿线其他城市的相互作用强度总和均有大幅度提升，成都和重庆作为成渝城市群经济中心，对周边区域的辐射力和吸引力得到进一步加强，更加凸显两大经济中心区域核心地位，各沿线城市的社会经济联系更加紧密，将逐步形成沿着成渝高速铁路沿线的经济带，优化产业布局，对资源优化配置有积极影响。

4.2 国外案例分析

4.2.1 日　　本

新干线是连接日本全国的高速铁路系统，也是全世界第一个投入商业运营的高速铁路系统。日本新干线的建设主要是出于三个目的：增进三个沿海工业带的联系、加强经济辐射效应、缓解交通压力。从高速铁路对社会效益的传导机制而言，溢出效应、集聚效应都得到了极强的体现，而对交通压力的缓解则大大提升了消费者出行体验，提高了效益水平。

在20世纪50年代后期，日本便已经形成了东京、横滨、名古屋、大阪、神户等"沿海型工业地带"，同时也形成了以东京、横滨为中心的关东经济圈，以名古屋为中心的中部经济圈，以及以大阪、神户为中心的近畿经济圈。三大经济圈共同成为日本经济发展的"火车头"。当时，连接这些地区的东海道铁路虽然仅为全国铁路总长的3%，但是却承担了全国客运总量的24%以及全国货运总量的23%，交通压力十分巨大。1964年，新干线正式开通运营，第一条路线是连接东京、名古屋和大阪之间的东海道新干线，大大缓解了东海道铁路的交通运输压力。

从技术创新传导机制的角度而言，新干线的开通提高了人口、知识、技术的流通性与可达性。例如，通往仙台、岩手的东北新干线开通之后，沿线城市的人口和企业分别增加了30%和40%，区域的财政收入也得到了大幅上升。人口的加速流动，促进扩大了信息、知识、技术的传播，从而也促进了企业之间的创新活动交流，加快知识传播与溢出，带动了经济发展与高新技术产业的发展，甚至逐渐将沿线城市连接成为新的经济走廊。这种知识可达性的提高，也对社会整体效益水平大有裨益。

从溢出效应和城市集聚角度而言，新干线促进了城市之间的经济交流以及沿线经济带的形成，将京滨、中京、阪神、北九州四大工商业地带连接起来，形成了静冈、冈山、广岛等新的工业地带，共同构成了沿太平洋延展的"太平洋工业带"。此外，也大大促进了沿线城市产业结构的调整。例如，1975年新干线从大阪延展到九州地区之后，沿线地带的工业布局发生了重大变化，从传统的钢铁、石化产业逐渐转变为汽车、家电等加工型产业。此外，沿线城市的旅游、商贸产业也得到了迅速的发展，东海道新干线和山阳新干线带动了每年至少2亿人次旅游人口，增加带动的食宿、旅游消费达 5 万亿日元，就业人口数量也得到了提升。这不仅仅意味着生产者剩余得到了提升，消费者剩余也得到了明显的改善。

此外，高速铁路的建设与开通也将从城市发展的角度对效益水平产生影响。以日本新干线多摩新镇的建设为例。多摩新镇位于东京西部，距离东京都中心银座约 30 km，建设范围为东西长 14 km、南北宽 2～4 km 的丘陵地带。多摩新镇于 1965 年制定规划，1966 年开始建设，其公交设计细致、基础设施完善、住宅多元化，随着新干线的开通，多摩新镇对缓解东京都的城市压力起到了重要作用。高速铁路开通下的多摩新镇控制了人口和就业向东京中心区的集中，同时将东京中心区的工业和教育设施部分疏解到了多摩新镇，缓解了首都东京的压力。对于降低东京居民的通勤压力、提高生活质量都有积极的影响。

对于任何一个国家而言，不论高速铁路的建设能否提升社会整体效益的水平，都要对高速铁路项目本身建设的投资收益水平进行考量。

日本新干线的成功之处就在于，直接从经济效益的角度看，新干线也是成功的投资项目。截至 1998 年，新干线的运输量约占全国铁路运输总量 30%，新干线营业收入则占全部铁路营业收入总额 45%。两条代表性的线路“东海道”和“山阳”新干线的营业收入和支出之比分别达到了 100∶42 与 100∶66，表现了极强的收益性。于 1963 年建设的东京—大阪的“东海道”新干线，至 1971 年已经收回了全部成本，前后仅用了 8 年时间。另一方面，新干线的建设对日本的社会整体发展起到了巨大的推动作用。以时间效益为例，根据《日本运输白皮书》的数据显示，截至 1995 年，东京—大阪新干线创造的时间效益收益就达到 1.7 兆日元之多，大大提升居民出行的体验，提高了社会效益。另外，新干线对环境也有正向影响，新干线是一种对环境影响较小的运输工具，其减少的能耗、噪声、交通事故等因素折合成的效益每年约为 731 亿日元。

4.2.2　法　　国

法国 TGV 为世界上第二个商业运行的高速铁路系统，仅晚于日本新干线。自 1981 年法国 TGV 开通了巴黎—里昂后，TGV 高速铁路系统迅猛发展，在技术、经济及商业等方面都达成了巨大的成功。TGV 的“V150”列车在 2007 年达到了 574.8 km/h 的试验速度。TGV 主要用于运送旅客，同时，在巴黎、里昂和普罗旺斯之间有少数邮政货运服务。TGV 的开通对沿线城市社会效益有着不可忽视的影响。

(1)高速铁路的开通缩短了乘客的旅行时间，提升了消费者的出行体验，促进了社会效益的增加。

例如，TGV 的建成使从巴黎—里尔的高速列车运行时间不到 1 h，从巴黎—里昂的高速列车运行时间不到 2 h，从巴黎—马赛的高速列车运行时间不到 3 h，从而促进了以核心城市为发展极的大都市经济圈的发展，转变了原有的区域经济发展布局，形成以高速铁路为发展轴心的巴黎—里尔、巴黎—里昂、巴黎—马赛等经济走廊，并伴随集聚和扩散效应的积累，最终促使形成了高速铁路沿线城市连绵带。随着 TGV 延长线的建设，形成了巴黎—布鲁塞尔—阿姆斯特丹及巴黎—法兰克福、巴黎—伦敦等高速铁路经济带。TGV 不仅使国内区域之间的时空距离缩短了，而且还使国家之间的时空距离缩减了，从而刺激了欧洲生产要素的合理流动，优化了欧洲资源的便捷有效配置，并形成了以法国为核心，欧洲国家之间以高速铁路沿线为发展轴心的连片都市区，促进了欧洲经济一体化的进程。这无疑对社会效益的提升有着积极的作用。

(2)高速铁路开通对城市的产业结构升级、区域经济发展作用显著，对社会效益也有着重要的影响。

例如，TGV 东南线的开通对法国高速铁路走廊地区有着重要作用，得益于高速铁路的开通，里昂广告咨询领域的一些企业已将市场扩展到巴黎；同时，在 TGV 东南线建成后的两到三年内，从巴黎到莱茵-阿尔卑斯山的商务旅行提升了 52%，从莱茵-阿尔卑斯区域到巴黎的商业旅行提升了 144%。除此之外，第三产业公司中 72%的员工经常乘坐高速列车在里昂和巴黎之间旅行，其出行主要为了进行与商业决策、咨询以及管理技术服务有关的工作。从这些数据可以看出，TGV 的开通提升了商业旅行的舒适度与便利度，助推了第三产业的发展，促进了区域经济增长和社会总体效益提升。

位于法国东南部的城市里昂，仅次于巴黎，是法国第二大都市，也是法国最重要的工业和商业中心之一，它的地理位置非常优越，堪称西欧的“十字路口”。里昂高速铁路开通以来，给经济、产业和社会带来了一系列变化，里昂的城市经济结构、建设和发展发生了变化，从传统的工业城市转变为以商业和办公为主的城市。20 世纪 70 年代，里昂仍然面临着一个严重的问题，由于交通不够便利等原因，许多企业将总部迁到了巴黎。从巴黎到里昂的高速铁路建成后，里昂成功地吸引了商务办公、人员居住，城市的功能得到丰富，且提高了城市的地位。

(3)高铁车站在某些城市的进一步发展中起着“催化剂”的作用，高铁车站的建设会对城市空间结构产生巨大影响。

高铁车站地区是城市人流和物流的集聚地，便利的交通条件使众多商务和办公场所来此汇聚，从而促使该地区的经济发展。法国里昂 Part-Dieu 站点地区已经变为里昂最受瞩目与追捧的办公区域之一，该地区办公面积于 1983—1990 年间增加了 43%；位于南特(Nantes)TGV 高铁车站地区的会议中心以及产业园区平均租金，已经高出市中心平均租金 20%左右。由此说明，高速铁路开通运营能够一定程度上促使站点地区经济(就业、地价等)得到发展，增加社会效益。

一些城市的高铁车站位于城市中心，高铁车站的建设将无需质疑地带动周边地区的城市更新，这将有助于加强城市中心的中心地位。例如，法国勒芒高铁车站建设会重新开发周边土地，以改善车站区域的场地功能，以及完善车站地区的商业、商务办公功能，以加强该区域在城市中的中心地位。对于该城市来说，城市的再发展，也对应了总体社会效益的再提升。

(4)考量高速铁路开通对社会效益的影响是多面的，除了积极的影响，消极的一面亦难以忽略。如有学者研究发现，法国 TGV 并不是对一切设站城市均会产生经济影响。

对蒙沙南(Montchanin)、勒芒(Le Mans)等城市的研究发现：高速铁路本身无法带动城市经济增长，城市经济的增长与城市本身的区位和产业基础紧密相连。位于法国 TGV 东南线的马孔、勒克鲁佐和里昂三个高速铁路沿线城市，仅仅马孔、里昂两个城市呈现了较为显著的经济增长，而勒克鲁佐并没有显著的经济增长。此外，高速铁路可能会对沿线没有车站的城市造成负面影响。TGV 东南线通车后，格勒诺布尔和日内瓦的一些经济增长点转移到了里昂；1999—2006 年，马孔的就业率上升了 13.5%，相应的，周边城市的商业、商务等经济活动都有向马孔转移的趋势，周边城市的就业率却出现下降，对于居住在马孔周边城市的生产者与消费者，他们的效益水平是受到消极影响的。

总的来说，法国 TGV 是成功的，单从经济效益角度，巴黎—里昂铁路的开通迅速夺得了民航的市场，在十年之内便完全收回了成本，TGV 变成了法国高新科技的代表。

4.2.3 德　国

德国高速铁路(ICE)自 1991 年 6 月通车以来，以其高速、舒适、方便吸引了越来越多的乘客，与传统铁路运输连年亏损正好相反，高速铁路的盈利正逐年增多，并随之盘活了莱茵—美茵、莱茵—内卡等铁路沿线经济圈的发展，也加强了德国与其他欧洲邻国的经济联系和人员往来。德国汉诺威—维尔茨堡及曼海姆—斯图加特高速线全长 430 km，ICE 列车的运营速度为 200～280 km/h，自 1991 年 6 月逐步投入运营。在德国高速铁路开通运营的前三年，实现了运送 4 700 万名旅客的良好成绩。

德国高速铁路之所以取得这样的成就，与技术上的领先优势是密不可分的。除了技术上的领先优势之外，更重要的是德国高速铁路给广大消费者带来了极高的社会效益。

(1)德国高速铁路具有高效的运营系统，使得购票信息一目了然，票价“亲民”。例如，对于出差频繁的人，可以通过购买折扣优惠卡来降低支出，对于消费者而言，出行几次就可以把买卡的钱省回来，因此受到广泛的欢迎。从经济学的观点来看，德国高速铁路很好地实施了价格歧视的策略，通过优惠卡的价格手段，既使供给方获得更高的收益，获得更多的剩余，同时也使得消费者以更低的价格获得了良好的出行体验，可以说是一项双赢的成果。

(2)德国高速铁路的高质量服务也是其重大优势之一。德国 ICE 列车车速控制合理，乘坐体验舒适，车上设有安静区，禁止大声喧哗，且有些车厢设有充电插座和 WiFi 无线网络，方便乘客上网娱乐和移动办公。

(3)德国高速铁路为消费者大大节省了时空成本，带来了福利效益的同时，也为整个社会的社会效益做出了贡献。德国铁路通过修建高速线和对既有线进行现代化改造，采用高速和提速运输技术，大大缩短了旅客在国内铁路运输和欧洲铁路网上国际联运的旅行时间，增强了在运输市场的竞争能力，取得了比较好的社会效益和经济效益。几十年来，德国铁路已经在柏林—汉诺威、柏林—法兰克福/美因—科隆、法兰克福/美因—维尔茨堡科隆—阿亨等主要方向实现了高速和快速运输。此外，还通过在柏林—慕尼黑、纽伦堡—德累斯顿、法兰克福/美因—德累斯顿、斯图加特—苏黎世间开行摆式列车使列车速度大大提高。而自德国高速铁路开通以来，德国铁路货物运输也有发展。作为德国铁路股份公司的子公司——Stinnes 货运公司，通过采取积极市场营销策略，设计满足用户需要的运输产品和提高运输服务质量，铁路在国内和国际货物运输市场的地位得到加强。20 世纪 80 年代，铁路货物周转量下降 46%，在 1993—2000 年增长了 20%，从 2002 年到 2003 年 11 月又增长了 1.9%。

(4)由于整体经济形势以及航空运输的竞争等原因，德国高速铁路带来社会效益的同时，面临着高上座率与低收入率并存的经营问题。有学者对德国高速铁路进行了调查研究后指出，虽然德国高速铁路的客运量和旅客周转量都高于预计值，但运营收入却比预计值低，致未能产生盈利。预测只要 ICE 列车的满员率能达到 45%～48%，便可以盈利，但实际 ICE 列车满员率达到了 51%，却仍然达不到盈利，据分析有以下几个原因：

①自进入 20 世纪 90 年代以来，德国经济一直不景气，人们收入增加有限。而 ICE 列车的头等车设备过于豪华，票价较高，因而乘坐头等车的旅客数比预计要少。预测头等车旅客总数应占 23%左右，实际上只有 18%，因而影响了收入。

②德国高速铁路存在着与民航过度竞争的问题。为争夺客源，实力强大的汉莎航空公司不惜压低票价。在此情况下，德国铁路公司不得不超额发行优惠乘车卡。原计划发行占总票数 7%的优惠证，实际却发行了 32%，而购买全票的旅客则从 1991 年的 30%下降到 1993 年底的 20%，这就又影响了票价收入。德国高速铁路投入运营以后，铁路在交通运输市场的份额从 12.8%上升到 14.6%，主要是从民航那里争得一部分运量；民航的份额从 1.8%降到 1.4%，公路运输的份额从 85.4%降到 84%。

③过重的成本负担也是原因之一。德国已建成的部分高速铁路，设计为客货混运，因而坡度不大。而德国地形又多山地、丘陵、河流，因而桥梁、隧道较多，使工程造价较高，带来了较重的成本负担。

综上所述，德国高速铁路的发展历程能够让我们明白，一方面，我国高速铁路建设应当在保持技术上优势的同时，更加注重运营系统、价格策略乃至服务水平上的优化。另一方面，在注重高速铁路发展的同时，也要从国家交通运输业综合发展战略的整体视角去构思高速铁路建设的布局与发展问题。只有这样，才能避免发生高速铁路与民航的过度竞争。

4.2.4 西 班 牙

西班牙高速铁路(AVE)由西班牙国家铁路 Renfe 运营,速度达 300 km/h。西班牙开通高速铁路的时间晚于法国、德国,并且西班牙开始主要是进口法国、德国的高速列车,并依赖于与法国、德国共建高速铁路线路。得益于欧盟团结基金的资金支持,经过多年的发展,如今西班牙高速铁路网络发达。

西班牙高速铁路的特点是使用标准轨及专用轨道,这一点不同于法国高速铁路线路与本国普速铁路线路混合使用的特征;西班牙 AVE 列车车厢还设置了静音车厢,另外,在马德里—塞维利亚线路,西班牙高速铁路还有“5 min 承诺”,保证高速列车到达时间不会晚于计划时间 5 min,否则将退回全部车票费用,列车准点率很高;西班牙还建立了专业化分工的列车线路,例如,Alvia 列车负责长途运输,Avant 列车负责短途运输,主要为相邻城市提供位移服务,Euromed 列车装潢精美适合在地中海沿岸城市间旅游时乘坐。因此,在西班牙旅行,乘坐 AVE 列车是一项舒适又高效的出行方式。

西班牙早在 1980 年就确定了要修建连通首都马德里与塞维利亚的高速铁路项目,目的就是希望未来经济不再集中于发展过热的马德里,推动技术、知识、资金向南部的扩散,促进南方几乎停滞的经济进一步发展。1992 年 4 月,这条高速铁路线路正式开通,两城市的通达时间由原来普速列车的 10 h 缩短到 2 h。2008 年,马德里通往巴塞罗那的高速铁路运营通车,两城市的时间距离由 6 h 缩短到 2.5 h。高速铁路的时空压缩效应以及西班牙高速铁路特有的舒适度和优质服务,车内配备躺椅、电脑接口、耳机,提供可口的食物,并可以观看电影等,极大地改变了西班牙人的出行方式。2013 年,西班牙高速铁路的旅客人数已经超过汽车旅客人数,根据西班牙国家铁路的数据,截至 2017 年 4 月,在马德里—马拉加出行的旅客中,有 85%选择高速铁路,仅有 15%选择民航。这将会从降低碳排放数量的角度提高社会效益,因为有研究表明每个高速铁路乘客的碳排放量仅相当于民航或汽车乘客的 1/4。

同一条高速铁路线路对不同的群体的社会效益会产生不同的影响,以马德里通塞维利亚的高速铁路为例,对于经常往返两地的人们来说,由于可选择的出行方式大大增加,高速铁路引起的供给侧结构改变与他们的有效需求相匹配,增加了他们的社会效益,也会增加某些公司的社会效益。例如,原本位于马德里的 Alter Tuv Nord 公司,在高速铁路开通后选择转移到塞维利亚,一方面可以节约成本,享受迁入地的政策红利;另一方面仍可以方便地与马德里联系。但是,对于大多数塞维利亚居民来说,高速铁路并没有提高他们的社会效益,这是因为塞维利亚缺乏支持本身高速发展的技术、人力资源等。

西班牙学术界对于高速铁路经济效益和社会效益的正向影响一直存在质疑。虽然西班牙高速铁路里程较长,列车时速与准点率较高,但是其每年旅客发送量很低。西班牙建立了相对密集的高速铁路网络,人均高速铁路里程较多。对于一些人口稠密的地区,旅客出行需求较高并且可持续，建设密集的铁路网可能会实现盈利，但西班牙人的出行需求在所有开通高速铁路的国家中处于低位，所以整个西班牙只有马德里—巴塞罗那和马德里—安达卢西亚两条线路具备可持续发展性。因此，从经济效益的角度说，西班牙高速铁路在提高社会凝聚力、促进社会公平等方面，做出了贡献。

参考文献

[1] 何赢. 高铁影响下京津冀区域旅游空间结构演变研究[D]. 北京：北京交通大学，2016.
[2] 张洁. 区域产业格局演变中的高铁效应研究[D]. 南京：南京大学，2019.
[3] 李金玉. 高铁开通对城市产业结构影响的实证研究[D]. 哈尔滨：哈尔滨工业大学，2019.
[4] 刘艳霞. 高铁对长江中游城市群生产性服务业集聚影响研究[D]. 临汾：山西师范大学，2019.
[5] 王豪. 成渝高铁对沿线城市可达性及经济联系的影响研究[D]. 重庆：西南大学，2018.
[6] 郭利田. 高铁建设的区域经济一体化效应研究：基于点轴理论的分析[J]. 经济界，2020(5)：61-65.
[7] 吴玉树，谢贤良. 国外高速铁路发展状况及社会经济效益综述[J]. 中国铁路，1999(6)：18-23，3.

第5章 模型视角的高速铁路社会效益影响分析

本章对高速铁路社会效益影响进行了模型性分析，包括政治影响模型、经济影响模型、技术影响模型、社会影响模型、交通影响模型等。总体上，对政治、技术和社会影响的模型性分析尚有进一步深化空间。同时，单纯注重计量模型的模型性分析也有其相应的缺陷和问题，需要进一步拓展政策网络理论等的应用。

5.1 高速铁路对政治影响的模型性分析

高速铁路作为中国新的国家名片，不仅反映了中国高速铁路技术的先进，也反映了中国不断提升的综合国力。一条条中国人修建的铁路不断延展，与世界共享中国高速铁路的发展成果，促进世界村的建设；一家家中国企业赴海外建设铁路，为东道国扩大就业、培训技术人才，促进了当地社会、文化、经济发展；一趟趟中欧班列将中国产品运输到世界各国，“一带一路”倡议朋友圈不断扩大。中国高速铁路从最初的“追赶者”一路走来，完美变身成为世界的“领跑者”，与世界共享中国高速铁路，展现出“中国速度”的非凡魅力。“安全优质、兴路强国”的新时期铁路精神，这是突破以往精神理念的新发展，更是指引铁路前进的新思路。这一精神，不仅有历史的继承性，也有与时俱进的创新性。科技的飞跃发展为中国在实现中国梦的征程上提供了坚实的动力支持。

亚吉铁路是中国企业在海外建设的第一条全产业链“走出去”的铁路，被誉为“新时期的坦赞铁路”。亚吉铁路可以拉动非洲经济发展，对非洲市场具有良好示范效应，促进中国标准在世界的推广，让中国铁路“走”得更远。亚吉铁路项目是埃塞俄比亚和吉布提发展史上的一个重要里程碑，不仅是一条运输线，更是一条繁荣之路，促进形成经济带，要素在铁路沿线聚集，带动经济发展。

雅万高速铁路是中国高速铁路全方位整体“走出去”首个项目，将中国高速铁路推上了世界舞台。按照中国技术标准进行设计并使用中国设备，连接着雅加达和万隆。雅万高速铁路是中国高速铁路从技术标准、物资供应、装备制造、工程施工到运营管理、沿线综合开发等全方位整体“走出去”的第一单项目，有效地推动“中国高铁外交”。

崔锋以SWOT分析为思路，嵌入PEST模型，分析了我国高速铁路产业发展面临的环境。同时文章采用主成分分析法和层次分析法对我国高速铁路产业进行了指标综合评价，得出我国高速铁路产业竞争力正逐步上升并仍具有上升空间，高速铁路产业主要在品牌价值和研发能力方面与其他国家之间存在差距。从企业实体的角度定义高速铁路产业，以高速铁路企业为评价研究的对象，构建一个由竞争力结果、现实竞争能力和潜在竞争能力三个部分组成的衡量我国高速铁路企业竞争力的评价指标体系。车辆制造企业的竞争力是高速铁路产业核心竞争力之一。他从客观和主观两个角度进行分析，对我国高速铁路企业的竞争力状况做了初步研究，同时分析我国高速铁路产业在“走出去”过程中的优势与劣势，为我国高速铁路更好地“走出去”提供一些有用的建议。

龚顺以多个国外高速铁路项目为研究对象，使用风险识别方法选择主要的风险因素，同时分析高速铁路建设过程中所面临的风险因素，考虑风险因素之间的关系及作用机理，得到风险清单。他建立了解释结构模型，对风险清单进行整理，得出风险关系之间的结构关系图，同时找出顶层风险，然后模糊综合评价模型，根据吉隆坡—新加坡高速铁路项目实际情况，判断风险评价模型的有效性与合理性。

毕慕超使用国际高速铁路项目瞬时竞争优势模型、市场进入模式和国际高速铁路联营体投标演化博弈模型，共同组成国际竞争态势下中国高速铁路项目瞬时竞争优势策略系统。中国高速铁路国际市场进入 AHP-SWOT 评价模型及实证。该模型旨在国际高速铁路项目正式开始前，预先判断市场是否可以进入，以给出相应策略提高中标概率并减少资源浪费。国际高速铁路项目联营体竞争优势的形成，是由资源整合能力和知识传递转换投标企业的资源竞争优势和能力竞争优势，同时组织协调能力将成员间的竞争优势凝聚。国际化因素再将这些竞争优势与东道国环境匹配，最终形成投标中展现的联营体竞争优势。该模型将国际高速铁路项目 24 个竞争优势影响因素分为资本类、经验类、技术类、组织类、社会类和风控类，共同映射为优势和劣势，辅以市场的机遇和威胁分析，在国际高速铁路市场 AHP-SWOT 模型中判断出市场竞争位势，并相应执行“回避型策略”“开拓型策略”“谨慎型策略”或“合作型策略”。该模型在一定程度上有助于联营体竞争优势组合策略在实业界的推广，完善了国际高速铁路项目竞争优势问题的研究体系，同时能够为中国高速铁路企业在投标中使用正确的联营体管理模式、选择正确的合作伙伴、提高联营体竞争优势提供理论指导，更好地打造“高铁外交”。

总的来说，高速铁路政治影响的模型性分析主要涉及有关高速铁路发展战略的政治影响分析，采用的多是 PEST、SWOT、战略管理方法、风险分析、结构模型等模型手段，从而得出高速铁路的政治影响效果。

5.2 高速铁路对经济影响的模型性分析

交通基础设施建设与经济增长的关系一直是人们关注的热点。交通建设通常被认为是经济增长的催化剂，而经济增长又保证了交通运输业的稳定发展。Yan 等人指出，高速铁路的快速发展恰如其分地反映了“中国内在经济和社会困境的显著崛起”。在中国，随着高速铁路的建设，促进了旅游业和经济的发展，这已成为一种引人注目的趋势。中国已经成为世界上高速铁路网络最发达的国家之一。事实上，与欧洲国家和日本高速铁路发展了近 50 年相比，中国的高速铁路网络直到 21 世纪初才出现。随着中国加入世界贸易组织、2008 年北京奥运会、2010 年广州亚运会、上海世博会等一系列重要事件的召开，中国高速铁路的发展突飞猛进，刺激了中国旅游业的发展。

有关高速铁路的经济影响的模型也在不断丰富，如 Mingwei Li 将灰色理论模型引入有-无比较法，改进了高速铁路对区域旅游和经济发展贡献的计算方法。这种方法将区域旅游收入与区域经济发展相结合。该方法直接方便，只需要少量的数据就能达到精度要求，考虑旅游与经济结果的相互作用更符合实际。基于网络运营，我国高速运输的市场结构将发生巨大变化，为了保证高速列车投入使用后的可持续发展，进一步提高经济和物流业的可持续发展。Xueqiao Yu 在高速列车运行计划的基础上，综合考虑列车运行时间、货流分配方案，并设计了一种基于拉格朗日松弛算法的精确求解算法。

为了更好地利用高速铁路运输资源，充分发挥其绿色高效优势，学者们还引入了两阶段模型。Xueqiao Yu 建立了高速列车运营方案的两阶段模型。在第一阶段，建立了考虑高速线路运力、路段通行能力和 OD 需求满足约束的以高速列车运行总成本最小为目标的高速列车候选集生成模型，降低了高速列车备件规模，提高了求解效率；设计了一种算法来求解该模型。第二阶段建立了以经济效益最优为目标的精确流量分配模型，完成了高速列车运行方案的设计；计算结果令人鼓舞，证明了模型和求解方法的有效性。高速铁路技术的进步直接影响产业竞争力和区域经济。Sunarin Chanta 也采用两阶段优化模型研究高速铁路车站的选址与配置问题，主要包括考虑局部覆盖来选择候选站点位置，以在站点数量限制下最大化需求；确定最优站位的数量，以最大限度地节省旅客运输成本。

除此之外，高速铁路开行方案的设计影响着经济社会的发展，目前主要采用了整数规划模型、0-1 规划模型和网络分析模型来设计列车开行方案。

总的来说，高速铁路经济影响的模型性分析主要涉及有关高速铁路经济增长、产业结构、区域经济、国民经济、运输市场结构等的经济影响分析，采用的多是 DID 模型、PSM-DID 模型、灰色理论模型、两阶段模型等相关的计量经济模型或理论分析模型，从而得出高速铁路的经济影响效果。

5.3 高速铁路对技术影响的模型性分析

就高速铁路发展而言，我国起步较晚，当日本的新干线以 200 km 的最高时速飞驰在本州岛东南沿海的时候，我国普速铁路的时速还维持在 80 km。但在国家正确的铁路发展政策的指引下，我国高速铁路仅用十余年的时间就走完了从技术引进到消化吸收、再到形成正向设计能力、掌握完全自主知识产权的技术赶超之路。我国高速铁路 2019 年的客运周转量达到了 7 747 亿人公里，占世界高速铁路客运周转量的 75%以上。高速铁路的快速发展离不开持续的技术进步，今天的学术界普遍认同高速铁路对区域经济、社会效益有着深远的影响，其对技术的影响也应该引起我们的注意。

铁路是国民经济发展的动脉，其中高速铁路由于具有能源消耗低、环境污染轻、占用土地少、运输能力大、运行速度快、安全性强、正点率高、节省旅行时间等诸多优点，正逐渐成为我国经济发展的中坚力量。从 2008 年京沪高速铁路开工建设以来，我国相继提出建设“四纵四横”“八纵八横”的铁路网。李红昌认为铁路网的建设体现了我国铁路发展的“三化”方向，即高速铁路发展要实现网络化、产业化与高级化。其中，网络化指的是发挥高速铁路的正网络外部性，通过将更多的城市纳入高速铁路网络，使发展较为落后的城市享受较发达城市的溢出效应，实现城市间的协调发展。产业化指的是高速铁路带动产业优化调整，使各城市的产业有序完成升级与转移。“三化”之间并不是完全独立的，而是相辅相成的，只有实现了网络化，知识与技术得以在不同城市间快速流动，从而较不发达城市才能依托高速铁路网络实现产业化与高级化；产业化与高级化既是技术进步的重要表现，也是促进网络化进一步发展、完善的动力，因此技术创新与高速铁路的网络化发展是一种相互促进的关系。

高德步和王庆从产业创新与高速铁路网络性、垄断性等特点的角度研究了高速铁路实现技术创新赶超的原因。研究结果表明，铁路部门积极有为的产业政策、完备的高速铁路产学研体系以及以低征地成本等为代表的制度与环境因素是促进我国高速铁路技术实现快速发展的重要原因。但是就高速铁路发展与技术创新的具体的微观关系而言，结果是不确定的。与高速铁路的经济效应相似，高速铁路网络化的发展一方面有利于创新要素的空间流动，更低的边际成本与更高的边际收益吸引这些要素流向中小城市流动，从而提高他们的创新能力；另一方面，大城市的创新环境更优越，规模效应更强，可能会吸引其他城市创新要素的中心集聚，从而不利于中小城市的技术进步。为了理清上述问题，李涛和薛岭构建了网络密度、度数中心度等指标来表征高速铁路的网络特征，然后基于门槛模型和固定效应模型实证分析了城市的关联网络对科技创新的影响。研究发现，我国城市间的网络联系程度并不十分密切，具有地区差异性，相对于城市在网络中所处的地位，城市可达性的提高更能影响创新活动，更能促进技术创新要素的流动和创新资源的聚集。其影响程度由于城市规模的大小具有异质性，对大城市的影响明显大于中小城市，这说明在促进高速铁路网络化发展的同时，要注意其产生的虹吸效应。

除了关注高速铁路网络对技术创新的促进作用外，还有学者从本地-邻地的视角探讨了高速铁路对技术创新的影响是否存在本地-邻地效应。赵星与董直庆以高速铁路的开通数量为自变量，以发明专利授权数量表示的技术创新水平为被解释变量，构建了可以同时分析高速铁路对本地区和邻近地区技术创新影响的空间杜宾模型，然后采用地理权重矩阵、经济距离权重矩阵、经济地理权重矩阵、技术关联权重矩阵分别将城市间的地理距离、地区生产总值考虑在内，实证研究了城市的技术创新水平是否存在关联效应。回归结果显示，高速铁路对本地与邻地的技术创新作用具有一致性，但是作用范围与程度具有地区异质性。邻地效应在 500 km 以内显著，长三角城市群的作用程度最强，可能是其高速铁路网络较发达，技术与人员流动频繁，从而空间溢出效应显著，而东北城市群作用程度最小。

还有学者把技术创新作为高速铁路影响区域经济发展的传导途径来分析两者的关系。宗刚和张雪薇采用 promont 指数法将全要素生产率分解为技术效率、规模效率和混合效率，并构建双重差分模型将其作为被解释变量，以高速铁路开通与否作为核心解释变量，实证结果显示高速铁路的开通能显著地促进技术效率的提升，不利于规模效率和混合效率，能显著促进城市的经济发展。这说明高速铁路主要通过推动技术创新、促进知识外溢来提升城市的产业化水平，形成规模性经济进而促进经济的快速发展。

总的来说，高速铁路技术影响的模型性分析主要涉及有关高速铁路技术创新、技术效率、规模效率、混合效率、技术创新溢出效应等的技术影响分析，采用的多是生产函数、空间模型、制度理论方法等相关分析手段，从而得出高速铁路的技术影响效果。

5.4 高速铁路对社会影响的模型性分析

高速铁路对社会影响的模型性分析，首先需厘清高速铁路对社会影响有哪些。对于社会影响的概念很广泛，甚至比经济效益还要复杂得多。我们在评估经济影响时，往往以货币作为衡量标准，而在评估社会影响时，我们往往使用非货币衡量标准，如某个项目对提高居民生活水平和就业率的成效。本书将主要把高速铁路对社会影响分为四个角度，进而探究其涉及的模型性分析。

5.4.1 高速铁路对地区通达度提升的相关研究

罗鹏飞等以京沪高速铁路沿线地区为研究区，通过潜在变化和可达性变化模型对京沪高速铁路进行研究分析，研究总结京沪高速铁路沿线地区有效旅行时间值指数的变化趋势，通过有效的分析说明了京沪高速铁路对沪宁地区的意义重大。林晓言利用线性回归模型评价京津城际铁路与区域经济、可达性、产业结构及就业变化，结果表明社会效益提升方面，旅游型小城市提升最为明显，服务型城市次之，工业型城市再次。戴学珍研究表明，立足效率角度，京沪高速铁路使站点城市的可达性效率提高，使沿线的“走廊效应”增强；立足公平的角度，它使站点城市与非站点城市之间差别增加，加深样本城市的不平衡发展，但减少站点城市之间的差异，有利于均衡发展。

5.4.2 高速铁路对就业率增加与旅行时间价值节省的相关研究

冯华和黄凌鹤通过对京津城际铁路的实证分析，总结京津城际铁路的运营可以提升沿线地区的社会效益与经济效益。连洁立足社会效益的角度，对京津城际铁路的成本与收益进行剖析，选择节省时间的期望值、对时间价值的计量值及社会贴现率进行分析。杨金华将湖南省“3＋5”城市群作研究对象，选取加权平均出行时间、经济潜力以及日可达性三个可达性参数进行计算，得出城市间的时空距离由于京广高速铁路和沪昆高速铁路的存在大大缩短了，但湖南省内8个城市的扩张效应并不相同，可分为两个层次。

5.4.3 高速铁路对运输方式与人口流动方面影响的相关研究

陈春阳等立足区域经济学的角度，论述了高速铁路的开通对降低社会运输总成本的作用，高速铁路如何使旅客和货物在途时间缩短、使客货运输能力提高、推进沿线各区域间经济一体化以及促进落后地区的发展，进而对生产力布局的合理化配置产生积极影响。作者使用有-无比较法，建立模型预估东北地区经济指标的变动并对秦沈客运专线进行定量分析，对客运专线的规划提供参考。陆军指出高速铁路已然对我国区域空间格局、人口流动、第三产业集聚以及旅游产业的发展等发生了系统性的影响。随着高速铁路网络的形成，其对我国城市以及区域发展的引导、提升、辐射、联动、重组等积极影响越来越深入。

5.4.4 高速铁路对节约资源和生态保护方面的相关研究

董艳梅、朱英明在探析高速铁路运营对沿线区域经济增长的积极影响的基础上，考虑高速铁路运营对生态环境和资源保护的消极影响，采用倾向得分匹配差分法(PSM-DID)构筑经济模型，得出社会负面效应不大于直接正面效应，即总体上对区域经济增长起促进作用，环境保护成本降低。任蓉对经济、环境等五方面因素进行考量，使用专家调查法和层次分析法，对高速铁路作用于城市经济社会影响的综合评价指标体系进行构筑，并对各因素的权重进行测算。胡北明首次使用定量方法对旅游地之间的生态关系进行判断，从内在、外在两个角度构建旅游地生态关系的评价指标体系，内在因素有资源价值、接待条件以及资源类型等，外在因素有客源市场和交通区位，进而证明高速铁路对区域旅游生态关系向共生关系的转变起到了加速效果，对区域旅游的共同发展起到促进作用。

除此之外，亦有更为宏观的高速铁路对社会影响的综合评价指标体系与研究方法。孙康等对隶属度的确认使用专家打分法，对权重的计算使用层次分析法，探究高速铁路对社会效益的影响程度选择模糊综合评价法。Zhenhua Chen 基于2002—2013年中国经济和投资指标数据，对高速铁路投资对社会效益的影响进行探究，得出投资能激励社会效益增长的结论，包括增加投资而驱动的短期激励和降低成本驱使提高产能的长期影响。郭文琦立足社会和经济两个层面，研究了高速铁路的影响机制，基于社会和经济两个方面构筑评价指标体系，使用云模型定量评价了高速铁路对经济社会发展的影响。经由实例，由横向和纵向的角度，剖析高速铁路开通前后近十年来，随着时间推移，沿线不同城市间和沿线某城市的经济社会发展情况。

总的来说，高速铁路社会影响的模型性分析主要涉及有关高速铁路可达性、连通性、时间价值、人口流动、资源环境等的社会影响分析，采用的多是经济地理、计量经济、案例分析等相关分析手段，从而得出高速铁路的社会影响效果。

5.5　高速铁路对交通影响的模型性分析

中国是一个自然资源和人口分布广泛的国家，铁路运输是区域间交通运输的重要方式。中国的高速铁路网络在过去十多年快速发展。2008年，京津城际铁路开通后，中国开始了高速铁路建设热潮。高速铁路的开通势必对交通运输业产生影响。从整体而言，交通运输业的运输种类得到了丰富，铁路的运输时空水平得到提升。Nicole Adler等人运用博弈论理论，对泛欧运输体系中的高速铁路、民航和其他运输方式的竞争关系进行研究，该模型的效用函数考虑了票价、发车频率、成本和交通设施布局等因素，研究得出发展高速铁路网可以使运输体系获得最大的整体社会效益的结论。

从竞争的角度而言，相对于公路运输、航空运输等方式，高速铁路的开通将对其他运输方式不可避免地带来影响。Yao等学者研究分析了日本城际高速铁路建成运营对现有的民航、普速铁路、客运班车以及小汽车等分担率的影响。他们通过SP和RP调查，建立了以时间、费用等为基本变量的非集计NL模型，得到结果是除了民航的分担率变化不大之外，其他的运输方式运量分担率都有所降低。这表明高速铁路的开通将对其他运输方式产生竞争效应。

高速铁路开通对传统公路客运企业的冲击效果是明显的，公路客运企业应如何认清形势，重新定位，采取何种有效的策略和方法来应对风险和挑战，是公路客运企业面临的亟须解决的问题。对比两种运输方式，高速铁路速度快、输送能力强、高频车次的特点会导致高速铁路对公路客运形成强大的分流。覃仕欢以南广高速铁路为例，通过基于非集计型的多项Logit模型预测客流分担率的变化，分析南广高速铁路运营对南广运输通道内公路客运产生极大的分流作用。刘佳鑫根据运输方式的快速性、经济性、安全性、舒适性、方便性、购票成功率六个维度建立影响客运运输方式选择的效用函数，以此对高速铁路开通对公路运输的影响进行分析。

而高速铁路对民航的影响体现在互补和竞争两个方面。从互补的角度而言，高速铁路与民航的互补效应体现在二者各自的绝对优势区域内。从距离的角度看，短途和长途二者存在互补关系，即高速铁路提供短途运输，为民航的中长距离进行互补。随着高速铁路速度、票价等因素变化的共同作用，会导致二者的互补区间移动。如随着高速铁路速度的上升，高速铁路优势时间扩大，民航优势时间缩小。对于优势区域，目前高速铁路和民航在中西部地区实现互补，即高速铁路可更多提供东部的运输服务，民航开展中西部的运输服务。然而，在市场条件下，高速铁路和民航的竞争也是不可避免的。Roman C 和 Espino R 等人运用非集计模型对西班牙“马德里—巴塞罗那”运输通道内高速铁路和民航的竞争关系进行了研究，指出在中长途运输中，高速铁路将对民航产生强大的竞争影响。而国内民航受到高速铁路影响的例子也屡见不鲜。2009 年 4 月石家庄—太原的客运专线开通，迅速导致太原—北京的早晚航班被迫取消。2009 年 11 月往返于成都和重庆的“和谐号”动车组列车开通后，成渝之间由每天平均每小时开通一班航班，逐步减少到每天开通两班航班，且航行时间主要是夜间，最后由于客流太少致使成渝航线被迫停飞。Li 等运用交通预测的模型方法，分别采用固定效应模型（fixed effects model）和双重差分模型（difference in difference），对全国面板数据中既开通高速铁路又有民航参与的城市进行实证分析。其指出了 2010—2014 年高速铁路快速扩张期间，对于不与高速铁路竞争的目的地，每条航线的乘客数量增长了 32%，但对于面临高速铁路竞争的航线，乘客数量则下降了 7%。双重差分方法表明，高速铁路的引入导致两年内民航乘客数量下降了 50%以上。高速铁路每日航线频率的增加进一步导致民航乘客数量的大幅下降。

总的来说，高速铁路交通影响的模型性分析主要涉及有关高速铁路对民航、公路、普速铁路、城市交通等其他运输方式的竞争或合作维度的交通影响分析，采用的多是博弈论模型、分担率模型、计量模型、效用函数模型等分析手段，从而得出高速铁路的交通影响效果。

参考文献

[1] 崔锋. 中国高铁产业国际竞争力评价研究[D]. 南京：东南大学，2016.

[2] 龚顺利. “一带一路”背景下海外高铁项目风险评价研究[D]. 南宁：广西大学，2018.

[3] 毕慕超. 国际竞争态势下中国高铁项目瞬时竞争优势评价研究[D]. 南京：东南大学，2018.

[4] YAN Y Q，ZHANG H Q，YE B H. Assessing the impacts of the high-speed train on tourism demand in China[J]. Tourism economics，2014，20(1)：157-169.

[5] GIVONI M. Development and impact of the modern high speed train：a review[J]. Transport reviews，2006，26(5)：593-611.

[6] LI M，CHEN J. High-speed rail network in China：the contribution of fast trains to regional tourism and economic development[J]. Tourism review，2019(12)：414-432.

[7] YU X，LANG M，ZHANG W，et al. An empirical study on the comprehensive optimization method of a train diagram of the China high speed railway express[J]. Sustainability，2019，11(7)：2141.

[8] CHANTA S，SANGSAWANG O. Optimal railway station locations for high-speed trains based on partial coverage and passenger cost savings[J]. International journal of rail transportation，2021，9(1)：39-60.

[9] 吕铁，贺俊. 如何理解中国高铁技术赶超与主流经济学基本命题的“反差”[J]. 学术月刊，2017，49(11)：49-57.

[10] 高德步，王庆. 产业创新系统视角下的中国高铁技术创新研究[J]. 科技管理研究，2020，40(12)：1-9.

[11] 李涛，薛领. 高铁网络化建设是否有利于科技创新？[J]. 经济与管理评论，2021，37(3)：148-160.

[12] 赵星，董直庆. 高铁网络的技术创新效应与空间作用特征：基于“本地-邻地”视角[J]. 财经科学，2020(7)：106-119.

[13] 宗刚，张雪薇. 高速铁路，技术创新与经济高质量发展：实证检验与机制研究[J]. 山西财经大学学报，2020，42(12)：1-14.

[14] 罗鹏飞，徐逸伦，张楠楠. 高速铁路对区域可达性的影响研究：以沪宁地区为例[J]. 经济地理，2004，24(3)：407-411.

[15] 林晓言，陈小君，白云峰，等. 京津城际高速铁路对区域经济影响定量分析[J]. 铁道经济研究，2010(5)：5-11.

[16] 戴学珍，徐敏，李杰. 京沪高速铁路对沿线城市效率和空间公平的影响[J]. 经济地理，2016(3)：72-77.

[17] 冯华，黄凌鹤. 发挥铁路现代化作用实现高速铁路综合效益最大化[J]. 中国铁路，2010(10)：4-7.

[18] 连洁. 高速铁路社会效益研究：成本收益法[D]. 北京：北京交通大学，2011.

[19] 杨金华. 高速铁路对湖南城市群可达性的影响[J]. 人文地理，2014，29(2)：108-112.

[20] 陈春阳，孙海林，李学伟. 客运专线运营对区域经济的影响[J]. 北京交通大学学报(社会科学版)，2005，4(4)：6-10.

[21] 陆军. 高铁时代的中国区域发展研究[J]. 学术前沿，2016(2)：21-30.

[22] 董艳梅，朱英明. 高铁建设能否重塑中国的经济空间布局：基于就业、工资和经济增长的区域异质性视角[J]. 中国工业经济，2016(10)：92-108.

[23] 任蓉. 高速铁路对城市经济社会影响评价体系研究[J]. 工程经济，2016(8)：52-56.

[24] 胡北明，李娅南. 高铁对区域旅游生态关系影响的定量评价研究：以贵广高铁贵州段为例[J]. 生态经济，2018，34(10)：131-136.

[25] 孙康，蒋根谋. 模糊综合评价法在昌九高铁项目社会效益评价中的应用[J]. 工程管理学报，2012，26(1)：49-52.

[26] CHEN Z，HAYNES K E. Spatial impact of transportation infrastructure：a spatial econometric CGE approach[M]. Switzerland：Regional Science Matters，2015：163-186.

[27] 郭文琦. 高铁经济社会影响评价指标体系与定量综合评价方法[D]. 北京：中国铁道科学研究院，2019.

[28] ADLER N，PELS E，NASH C. High-speed rail & air transport competition[J]. Transportation research Part B：Methodological，2010，44(7)：812-833.

[29] 覃仕欢. 广西高铁运营对公路客运的影响及其对策研究[D]. 南宁：广西大学，2013.

[30] 刘佳鑫. 多维视角下高铁开通对公路客运的影响机理及对策研究[D]. 重庆：重庆交通大学，2018.

[31] 刘璐. 我国高速铁路对民航客运的影响研究[D]. 北京：北京交通大学，2018.

[32] LI H，STRAUSS J，LU L. The impact of high-speed rail on civil aviation in China[J]. Transport policy，2019，74：187-200.

第 6 章 调查视角的高速铁路社会效益影响分析

调查性分析是研究高速铁路社会效益影响的重要手段之一。本章搭建多期离散选择模型进行实证分析，将运输产品供给特性与乘客异质性两方面因素纳入模型中，通过多期对比与情形控制，剥离出高速铁路对乘客社会效益的影响，总结得出了基于供给侧数据的研究结论。本章对乘坐过高速列车的旅客进行需求侧分析，而问卷调查是需求侧分析的主要手段，需求侧往往受到个体特征与个人偏好影响较大。通过问卷调查与分析，利用来自需求侧乘客对效益变化的感知进行分析，形成乘客效益变化特征图谱，尝试与供给侧数据得到的结论进行比较，旨在供给侧与需求侧两方面相互印证，提升结论的说服力。本章将从问卷调查目的与适用性、问卷的设计与发放、数据分析与处理、问卷调查小结等部分切入，基于问卷调查获取的数据进行实证分析。

6.1 调查问卷的设计

6.1.1 问卷调查目的

应用问卷首先需要明晰，问卷使用的目的以及问卷是否适用于本书设置的研究问题。本书采用构建离散选择模型刻画乘客的期望效用，并通过多期效益变化分析得到高速铁路进入运输市场后引致的效益变化。这一方法采用的主要是供给侧的运输产品特性的数据，即运输产品的运输价格、运行时间、运营频率等，刻画出乘客从出行选择中得到的效用。更为直接地反映需求侧对高速铁路效益效应感知的方法，来自对乘客的调查与分析。问卷调查不仅直接搜集不同乘客的个人特性与出行选择，还可以获取每个个体对于高速铁路的满意程度与对“被高铁”造成效益水平变化的个人感知。

本书选取以客观的可观测供给侧数据为主纳入离散选择模型中进行实证分析的方法。为了研究的充分性与结论可靠性，在本章辅以问卷调查，获取数据进行实证分析，希望从需求侧角度与供给侧角度相互印证形成结论。具体而言，问卷调查的目的是以下三个方面：

(1)获取乘客出行选择与乘客个人特性之间的关系，总结得出乘客出行选择背后的个人特性因素及程度。

(2)获取乘客对于高速铁路的满意程度，总结提升不同群体对高速铁路满意度的方法。

(3)获取乘客对于“被高铁”现象影响自身效益的感知，进而识别高速铁路对异质性乘客的效益效应。

在社会效益的影响因素分析以及交通领域等方面，较多学者采用问卷调查获取数据，采用模型对其进行研究。方福前和吕文慧采用基于阿马蒂亚·森的能力方法和结构方程模型，利用问卷调查获得的数据建立结构方程模型，对我国城镇居民功能空间内的效益状况进行实证分析与测度。许洋通过问卷调查搜集了南昌市职业流动数据，采用结构方程模型，对劳动力就业稳定性进行影响因素分析，研究就业稳定性对从业者感知到的家庭效益的影响效应。刘秉政通过问卷调查，将延误风险这一乘客主观心理因素纳入公交的票价及换乘优惠率优化分析中，构建以社会效益最大化为目标的顶层规划模型，验证主观评判对出行行为的影响具有不可忽视的作用。在出行方式选择的研究中，问卷调查常与 NL 模型、MNL 模型结合起来，通过问卷对乘客出行行为背后的影响因素进行挖掘。张正岩和李金倍通过问卷调查，得到河南农村居民就医的倾向匹配得分，对分级诊疗对农村居民社会效益的影响进行实证分析。从上述研究中不难看出，效益效应可以通过合理设计问卷，获取观察受访者的选择倾向的方法进行刻画与度量，该种研究方法较为成熟。

总结而言，问卷调查在效益的衡量与交通领域，均被广泛应用获取数据。本书设计问卷调查的目的在于获取乘客选择背后对高速铁路的满意程度，并通过对“被高铁”后乘客效益水平变化的调查以识别高速铁路对异质性乘客的效益效应。本书的问卷分析是对效益分析与出行选择行为分析的结合，在前人研究中相对比较成熟，对研究问题的阐释与研究结论的得出具有一定的适应性。

6.1.2 问卷设计与发放

为了达到问卷调查的目的，在设计与发放问卷时经历了三个阶段，分别是根据研究问题问卷设计阶段、预调研与问卷修改阶段、发放并回收问卷阶段。

在问卷设计阶段，本书主要参照其他相关领域的问卷调查研究，并与专家进行交流访谈，以确定问卷问题的构成、问卷问题的措辞等细节。初始问卷包含的内容主要有乘客个人信息、乘客对于“被高铁”的接受程度的感知信息和乘客对高速铁路接受程度的偏好信息等。乘客的个人信息主要从多个维度刻画对出行选择影响的可能特征，包括性别、月收入、职业、年龄等。本书纳入了乘客长途出行的时间价值，作为乘客出行特征的组成部分。乘客对高速铁路接受的程度，问卷采用李克特五级量表法，对高速铁路产品供给特性的几个方面分别进行了接受程度调查，具体包含总体接受度、票价接受度、频率接受度、服务接受度、旅行时长接受度、准点率接受度、节假日高峰时期“抢票难”接受度。在乘客对“被高铁”的感知方面，问卷除设计是否有对“被高铁”现象感知外，还设置了应对“被高铁”现象，乘客进一步行为选择与喜好的问题项，通过行为反映乘客在“被高铁”发生后的效益变化方向与适应程度。与此同时，还设置了乘客在“被高铁”后感知到的效益水平变化，以调查高速铁路进入运输市场对其他方式产生冲击后，乘客感知到的效益影响，并按异质性分类刻画乘客群体效益变化图谱。

首先通过网络进行预调研，考察问卷的可行性与合理性。累积收到问卷 51 份，其中有效问卷 46 份，有效问卷率为 90.2%。对问卷的完善与修正形成了最终版本，通过网络问卷平台进行广泛发放。最终共收回 524 份问卷，其中有效问卷数为 507 份，有效问卷率达 96.75%。

6.2 问卷调查数据

6.2.1 问卷调查的描述性统计分析

1. 乘客个人特征信息描述性统计

在问卷调查部分，共回收有效问卷 507 份，其中乘客个人特征信息描述性统计见表 6-1。

表 6-1 乘客个人特征信息描述性统计

变量名称	选　　项	样本数	所占百分比
性　　别	男	194	38.26%
	女	313	61.74%
年　　龄	18 岁及以下	3	0.59%
	19～25 岁	212	41.81%
	26～30 岁	112	22.09%
	31～40 岁	150	29.59%
	41～50 岁	25	4.93%
	51 岁及以上	5	0.99%
月收入	2 000 元及以下	129	25.44%
	2 001～4 000 元	64	12.62%
	4 001～6 000 元	85	16.77%
	6 001～8 000 元	124	24.46%
	8 001～15 000 元	80	15.78%
	15 001 元及以上	25	4.93%
职　　业	学　　生	154	30.37%
	公务员	16	3.16%
	企事业单位管理人员	166	32.74%
	企事业单位普通职员	141	27.81%
	个体户	8	1.58%
	自由职业者	20	3.94%
	退休人员	2	0.39%

由表 6-1 可得，调查问卷所获取的 507 份有效问卷中，男性占比 38.26%，女性占比 61.74%，男女比例适中。从受访者年龄段分布上，主要集中在 19～40 岁之间，这是需求最为频繁的年龄段。从月收入来看，各选项分布比较平均，最高收入等级人数有所减少，说明最高月收入在样本群体中设置合理。从样本职业分布来看，主要受访者是学生、企事业单位管理人员与企事业单位普通职员，相对有代表性。

2. 受访者所在地区分布统计

表 6-2 统计的是受访者所在地区分布，表明受访者分布相对比较分散且具有随机性，可以一定程度的反映全国各地乘客的状况。

表 6-2　受访者所在地区分布统计

所在地区	数　量	百分比	所在地区	数　量	百分比
安徽	24	4.6%	辽宁	20	3.8%
北京	32	6.1%	内蒙古	5	1.0%
福建	10	1.9%	宁夏	1	0.2%
甘肃	3	0.6%	山东	29	5.5%
广东	67	12.8%	山西	14	2.7%
广西	18	3.4%	陕西	13	2.5%
贵州	4	0.8%	上海	41	7.8%
海南	2	0.4%	四川	24	4.6%
河北	14	2.7%	天津	9	1.7%
河南	22	4.2%	西藏	3	0.6%
黑龙江	8	1.5%	香港	5	1.0%
湖北	23	4.4%	新疆	29	5.5%
湖南	13	2.5%	云南	11	2.1%
吉林	5	1.0%	浙江	6	1.1%
江苏	35	6.7%	重庆	20	3.8%
江西	17	3.2%	其他	5	1.0%

3. 受访者出行特点统计

表 6-3 统计的是受访者出行特点的分布，主要包括出行目的、出行选择和出行的时间价值。

表 6-3　受访者出行特点统计

变量名称	选　项	样本数	所占百分比
出行目的	公务/商务	160	31.56%
	旅游/休闲	177	34.91%
	探亲访友	62	12.23%
	返工/返乡	33	6.51%
	上学/陪亲属上学	75	14.79%

续上表

变量名称	选　项	样 本 数	所占百分比
出行选择	普速旅客列车	61	12.03%
	高速列车	390	76.92%
	飞机	23	4.54%
	长途大巴	33	6.51%
4 h长途旅行情况下节省1 h愿意多花费	20元及以下	71	14%
	21～40元	146	28.8%
	41～60元	116	22.88%
	61～80元	75	14.79%
	81～100元	62	12.23%
	101元及以上	37	7.3%
8 h长途旅行情况下节省2 h愿意多花费	40元及以下	63	12.43%
	41～80元	137	27.02%
	81～120元	142	28.01%
	121～160元	78	15.38%
	161～200元	51	10.06%
	201元及以上	36	7.1%

从表6-3中可以看出，样本群体出行目的分布的相对比较分散，公务出行与旅游出行各占约1/3，这与当前高速列车的主要乘坐群体状况相契合。受访群体中76.92%在过去一年中搭乘高速列车出行的次数最多，说明样本选取比较合理。设置的价格区间主要是通过收入档次的划分，计算得到1 h时间价值估计值进而确定的。设置的旅行时间价值将旅行限定在长途旅行中，并考察了4 h与8 h两种旅行长度，节省的时间长度确定为总旅行时长的25%。选择不同花费的乘客数量相对比较稳定，8 h节省25%旅行时间在81～120元占比显著高于4 h节省25%旅行时间的41～60元的比例，8 h节省25%旅行时间的乘客比例集中于较高的花费。这说明，旅行时间越长，节省时间带来的效用越大，乘客的边际意愿投入越高。

4. 旅客对高速铁路接受程度的描述性统计

表6-4是旅客对高速铁路接受程度的描述性统计。问卷主要采用李克特五级量表法，即设定不接受、不太接受、一般、比较接受和完全接受五个层级、从旅客对高速铁路总体接受度、票价接受度、频率接受度、服务接受度、旅行时长接受度、准点率接受度、节假日高峰时期“抢票难”接受度进行调查。

表 6-4　对高速铁路接受程度的描述性统计

题目选项	不接受		不太接受		一般		比较接受		完全接受	
	人数	百分比	人数	百分比	人数	百分比	人数	百分比	人数	百分比
总　体	2	0.39%	5	0.99%	33	6.51%	276	54.44%	191	37.67%
票　价	2	0.39%	53	10.45%	153	30.18%	208	41.03%	91	17.95%
频　率	0	0.00%	20	3.94%	129	25.44%	222	43.79%	136	26.82%
服　务	3	0.59%	14	2.76%	94	18.54%	226	44.58%	170	33.53%
旅行时长	6	1.18%	13	2.56%	69	13.61%	232	45.76%	187	36.88%
准点率	2	0.39%	9	1.78%	49	9.66%	204	40.24%	243	47.93%
“抢票难”	45	8.88%	152	29.98%	153	30.18%	87	17.16%	70	13.81%
小　计	60	1.69%	266	7.50%	680	19.16%	1 455	41.00%	1 088	30.66%

通过样本群体对高速铁路接受程度的描述性统计分析可以看出，总体上，样本群体对于高速铁路接受程度较高，比较接受和完全接受占样本总数的比例高达 92.11%。只有相当少部分人对高速铁路完全不接受，高峰时期“抢票难”这一铁路服务的票务层面，令旅客不接受的现象比较明显，即使如此也并未影响总体上较少有人完全不接受高速铁路的倾向。分运输特性进行讨论，在票价层面有 10.45%的受访者不太接受票价，有 30.18%受访者对票价接受程度一般，相较其他运输特性分项，受访者对票价的不太接受与接受程度一般的比例占样本总体的比重最高。这说明在当前阶段，高速铁路的票价对一部分乘客仍然接受程度一般，对这部分群体，有可能因高速铁路进入运输市场产生效益损失。从高速铁路频率与配套服务方面，统计结果体现出的特点比较相似，几乎没有乘客对于高速铁路的频率或服务完全不接受。对旅行时长与准点率两项服务特性而言，样本体现出的接受程度高于服务与频率，达到 80%以上，这也说明乘客看重高速铁路的主要是旅行时长与准点率相较其他运输方式的优势。“抢票难”问题上，接受程度显著较低，不接受与不太接受的比重将近 40%，说明在节假日等高峰运行时段，“抢票难”现象的确使乘客对高速铁路的接受程度造成了影响。

5. 其他相关统计

除了以上问题的设置，本书还设置了向受访者询问高速铁路哪个侧面的提升可以提高乘客接受度的选项，以总结异质性乘客最关注的高速铁路改进的方向，描述性统计分析见表 6-5。

表 6-5　乘客最关注的高速铁路改进方向的描述性统计

选　项	样　本　数	所占百分比
票价适度下降	221	43.59%
频率提高	41	8.09%
缓解一票难求	153	30.18%
提升配套服务	44	8.68%
做好与市中心的交通接驳	44	8.68%

结合表 6-4 对高速铁路满意程度，受访者接受程度较低的票价与“抢票难”对应的票价适度下降与缓解一票难求，在乘客最关注的高速铁路改进方向中占比较大。而频率与配套服务等方面的改进，关注程度相对不及票价与“抢票难”问题。问卷设置了做好与市中心的交通接驳的改进项，有 8.68%的受访者选择了此项，与选择频率与配套服务提升的受访者比例接近，说明有相当部分的乘客认为目前高铁车站与城市中心的接驳有提升空间。

是否存在“被高铁”现象是本书研究重点之一，问卷设置了是否听闻过“被高铁”现象与是否亲身经历过自身导致希望搭乘其他交通方式，但区段内只有高速铁路提供运输服务情况的“被高铁”现象。描述性统计见表 6-6。

表 6-6 “被高铁”的直观认知的描述性统计

变量名称	选项	样本数	所占百分比
是否听闻过“被高铁”相关舆论	是	287	56.61%
	否	220	43.39%
是否曾亲历过“被高铁”	是	226	44.58%
	否	281	55.42%

从表 6-6 看听闻“被高铁”相关舆论的受访者数量大于未听闻过相关舆论的受访者，亲身经历“被高铁”的受访者数量小于未亲身经历过“被高铁”的受访者数量。这说明“被高铁”现象发生并不是广泛分布的，大部分人听说过“被高铁”舆论报道，但是事实上“被高铁”的现象的亲历者并未超过 50%。因此对“被高铁”现象的接受程度表 6-7 中，由于部分乘客未经历“被高铁”，而是主动选择高速铁路，其对“被高铁”的接受程度较高，认为高速铁路的替代效应的确带来了便利。

对“被高铁”现象的效益感知主要是通过量表打分与“被高铁”后的行为选择进行判断的。具体描述性统计见表 6-7 和表 6-8。

表 6-7 “被高铁”现象效益变化的描述性统计

题目 选项	严重受损		受损		一般		获益		非常获益	
	人数	百分比	人数	百分比	人数	百分比	人数	百分比	人数	百分比
效益变化	42	8.28%	58	11.44%	185	36.49%	175	34.52%	47	9.27%

表 6-8 面临“被高铁”现象行为选择的描述性统计

选项	样本数	所占百分比
喜欢乘坐高速列车	100	19.72%
适应乘坐高速列车	267	52.66%
坚决呼吁原普速旅客列车恢复运营	56	11.05%
选乘其他交通方式	52	10.26%
无所谓	32	6.31%

从表 6-7 中可以看出，对于“被高铁”现象，大多数受访者认为高速铁路开通获益或比较获益。有超过 70%的受访者选择面对“被高铁”后适应乘坐高速列车与喜欢乘坐高速列车，与高速列车带来效益有关。而 20%左右的乘客认为“被高铁”引致了效益损失，反映在表 6-8 中 21%以上的乘客坚决呼吁原普速旅客列车恢复运营或选乘其他交通方式，这部分乘客感知到的效益受到了来自“被高铁”的负向影响。占比最多的人群是选择一般的受访者，其可能并没有对“被高铁”有很直接的感知，或即使有认为高速列车的替代改变了运输格局的认知，对个人效益影响也不显著，因此选择了一般作为对“被高铁”的效益变化评价。

6.2.2　问卷数据的信度与效度检验

信度与效度检验是问卷调查中常见地对数据可靠性和量表中涉及的变量是否在多次检验中具有内在一致性与稳定性的检验方法。在对问卷的结果进行模型分析与参数估计之前，对问卷调查中涉及量表的主观问题进行信度与效度检验，一方面说明问卷题目设置的相对科学性，进一步对所获取的数据进行检验，观察其可靠性。

在对量表的信度检验中，信度系数为研究者广泛使用，方法比较成熟。一般地，克隆巴赫 Alpha 系数(以下简称 α 系数)在社会科学研究中最为常见，该系数在计算时，会对一组同义或平行测验的总和信度进行测量，结果如果显示出相同的特质，则问卷设计中的不同项目具有真实的相关性，反之如果未显示出相同的特质，则应该予以剔除。α 系数的取值在 0～1 之间，在大量学者的实证研究中，α 系数值大于 0.8 表示内部一致性非常好，在 0.6～0.8 之间表示内部一致性情况比较好，α 系数值低于 0.6 表示内部一致性较差。本书使用了 SPSS 软件，对问卷部分所获取数据进行信度分析，结果见表 6-9 和表 6-10。

表 6-9　总体信度分析结果

克隆巴赫 Alpha	基于标准化项的克隆巴赫 Alpha	项　数
0.677	0.664	15

表 6-10　分项目的信度分析结果

项　目	删除项后的标度平均值	删除项后的标度方差	修正后的项与总计相关性	平方多重相关性	删除项后的克隆巴赫 Alpha
出行目的	47.633	38.585	0.372	0.18	0.649
出行选择	49.197	46.87	−0.052	0.047	0.691
高速铁路总体接受度	46.972	43.367	0.346	0.208	0.66
票价接受度	47.596	40.7	0.46	0.272	0.643
频率接受度	47.318	43.067	0.286	0.174	0.663
服务接受度	47.176	44.378	0.161	0.177	0.675

续上表

项　　目	删除项后的标度平均值	删除项后的标度方差	修正后的项与总计相关性	平方多重相关性	删除项后的克隆巴赫 Alpha
时间接受度	47.107	44.558	0.142	0.135	0.677
准点率接受度	46.917	44.716	0.153	0.189	0.676
“抢票难”接受度	48.282	45.424	0.002	0.042	0.701
关注提升侧面	48.921	40.29	0.267	0.167	0.667
timevalue-4	48.209	35.703	0.513	0.68	0.622
timevalue-8	48.203	36.557	0.49	0.672	0.627
“被高铁”效益变化	47.024	39.292	0.456	0.292	0.638
应对“被高铁”可能的选择	47.655	40.922	0.28	0.125	0.663

注：timevalue-4，timevalue-8 指 4 h 长途出行与 8 h 长途出行节省 25%时间的支付意愿。

从总体结果来看，信度系数 α 系数为 0.664，大于 0.6，说明内部一致性情况比较好，适合进一步的分析。分项目而言，所有纳入信度检查的项目的 α 系数均大于 0.6，说明问题的一致性与稳定性情况比价好。

接下来，本书进行效度的检验。效度是说明整体问题设置的有效性，是衡量综合问卷设计是否能反映总体的目的与需求的分析工具。效度显示结果越高，表示测量结果越能够反映目的与需求的特征。一般地讲，效度分析主要有单项与综合相关效度分析、结构效度分析与准则效度分析。本书主要着重结构效度的分析，其是指测量结果呈现出的结构关系与测量值之间的对应强度。分析的主要工具是因子分析，本书选用了实证分析中常用的 KMO 和 Bartlett 因子分析进行检验，其标准表达形式是：

$$\mathrm{KMO}=\frac{\sum\sum\limits_{i\neq j}r_{ij}^{2}}{\sum\sum\limits_{i\neq j}r_{ij}^{2}+\sum\sum\limits_{i\neq j}p_{ij}^{2}} \tag{6-1}$$

式中　r_{ij}——变量 i 和 j 的相关系数；

p_{ij}——变量 i 和 j 的偏相关系数。

本书利用 SPSS 软件进行因子分析，检验结果见表 6-11。

表 6-11　KMO 和 Bartlett 因子分析检验结果

KMO 取样适切性量数		0.719 2
Bartlett 球形度检验	近似卡方	1 349.548
	自由度	105
	显著性	0.00

可以看出，检验的 KMO 值大于 0.7，显著性值接近 0，在 99%的置信区间内显著，显著性很强，从结构上看其效度较好，适合进行下一步分析。

运用主成分分析法进一步对设计的问卷中包含因素进行因子分析，主成分分析的总方差解释结果见表 6-12。从结果中可以看出，经过因子分析，问卷设置题目的所有因素被划分为了 5 类，解释总方差为 55%。吴明隆认为，问卷分析调查中，总方差达到 50%及以上，说明公因子对解释原变量的有效程度达到要求。这说明本书变量统计达到了效度要求，通过了检验，可以进一步分析问卷中的信息。

表 6-12　主成分分析法得到的总解释方差

成分	提取载荷平方和			旋转载荷平方和		
	总计	方差(%)	累积(%)	总计	方差(%)	累积(%)
1	3.102	20.683	20.683	2.039	13.595	13.595
2	1.852	12.348	33.031	1.898	12.652	26.247
3	1.227	8.178	41.209	1.773	11.82	38.066
4	1.095	7.297	48.506	1.376	9.174	47.24
5	1.011	6.737	55.242	1.2	8.002	55.242

在进行信度与效度检验之后，确认了数据与问卷结构一致性与有效性。下面将基于以上获取的数据进行模型设定与参数估计，挖掘数据中更深入的规律，尝试解析高速铁路对不同乘客的效益影响。

6.2.3　模型设定与参数估计

首先对解释变量与被解释变量进行说明，结合问卷调查期望达到的目的，选取合适的模型进行设定，并进行参数估计，得到可靠的结果。基于本书研究的目的，参考了其他研究者处理问卷的思路，将问卷所涉及的问题均按照李克特五级量表法赋值，具体取值与变量说明见表 6-13。

表 6-13　问卷调查涉及各变量赋值和描述性统计

变量名称	变量赋值	均值	标准差
对高速铁路接受程度			
总　体	1——不接受；2——不太接受；3——一般；4——比较接受；5——完全接受	4.28	0.66
票　价	1——不接受；2——不太接受；3——一般；4——比较接受；5——完全接受	3.66	0.90
频　率	1——不接受；2——不太接受；3——一般；4——比较接受；5——完全接受	3.93	0.82
服　务	1——不接受；2——不太接受；3——一般；4——比较接受；5——完全接受	4.08	0.82
旅行时长	1——不接受；2——不太接受；3——一般；4——比较接受；5——完全接受	4.15	0.83
准点率	1——不接受；2——不太接受；3——一般；4——比较接受；5——完全接受	4.34	0.76
“抢票难”	1——不接受；2——不太接受；3——一般；4——比较接受；5——完全接受	2.97	1.17

续上表

变量名称	变量赋值	均值	标准差
乘客对“被高铁”认知			
对“被高铁”的接受度	1——坚决呼吁原普速旅客列车恢复运营；2——选乘其他交通方式；3——无所谓；4——适应高速列车；5——喜欢乘坐高速列车	3.59	1.22
“被高铁”效益变化评价	1——严重受损；2——受损；3——一般；4——获益；5——非常获益	4.23	1.10
乘客出行选择			
最常出行的方式	1——普速旅客列车；2——高速列车；3——民航；4——长途大巴	2.06	0.65
乘客个人特征			
性　别	1——男性；2——女性	1.62	0.49
年　龄	1——18岁及以下；2——19～25岁；3——26～30岁；4——31～40岁；5——41～50岁；6——51岁及以上	2.99	1.01
月收入	1——2 000元及以下；2——2 001～4 000元；3——4 001～6 000元；4——6 001～8 000元；5——8 001～15 000元；6——15 001元及以上	3.07	1.57
职　业	1——学生；2——自由职业者；3——退休人员；4——个体户；5——企事业单位普通职员；6——公务员；7——企事业单位管理人员	4.91	2.14
乘客出行特征			
出行目的	1——上学/陪亲属上学；2——返工/返乡；3——探亲访友；4——旅游/休闲；5——公务/商务	3.62	1.37
4 h长途旅行情况下节省1 h愿意多花费	1——20元及以下；2——21～40元；3——41～60元；4——61～80元；5——81～100元；6——100元以上	3.04	1.46
8 h长途旅行情况下节省2 h愿意多花费	1——40元及以下；2——41～80元；3——81～120元；4——121～160元；5——161～200元；6——201元及以上	3.05	1.40

本书设置的被解释变量有对高速铁路的接受程度、乘客对“被高铁”的认知以及乘客出行选择，分别考察乘客对高速铁路进入市场以来的接受程度，对“被高铁”是否有感知、在“被高铁”后效益水平的变化，以及乘客的出行选择受到的来自需求侧个人特征的影响。解释变量主要有乘客个人特征、乘客出行特征两部分。

从设置的被解释变量可以看出，对高速铁路的接受程度以及乘客对“被高铁”后的效益水平变化是多元有序的离散变量，因此在问卷调查的实证环节，本书选用了多元有序离散选择模型(ordered logisitic，以下简称 Ologit 模型)对影响高速铁路接受程度与乘客对“被高铁”的满意度的影响因素进行分析。陈强认为 Ologit 模型适用于被解释变量是离散的且本身隐含了一定程度的排序。例如，商业或公司债券的评级、空气清洁程度的“好”“中”“差”等。本书设置的被解释变量的接受程度与效益变化的层次是有排序的离散数据，利用 Ologit 模型进行影响因素分析的实证方法适用且成熟。

根据选取的模型与问卷调查中设置的解释变量与被解释变量，实证模型为：

$$\ln\left[\frac{P(y\leqslant j)}{1-P(y\leqslant j)}\right]=\beta_0+\beta_1 \text{character}_i+\beta_2 \text{travel}_i+\varepsilon \tag{6-2}$$

式中　y——被解释变量，分别用 $j=1,2,3,4,5$ 表示乘客接受度水平或对“被高铁”效益水平变化评价的 5 个等级；

character_i——个体 i 的个人特征信息；

travel_i——个体 i 的出行特征信息；

β_0——截距项；

β_1,β_2——解释变量的回归系数；

ε——随机项；

$P(y\leqslant j)$——分类 j 以及分类 j 顺序以下的类别的累积概率。

采用极大似然估计方法获取模型的参数估计结果，使用 Stata 软件中的 Ologit 估计得到模型的参数估计结果。表 6-14 表示对高速铁路接受度影响因素的多元有序 Logistic 估计结果。

表 6-14　对高速铁路接受度影响因素的多元有序 Logistic 估计结果

模型编号	模型 1	模型 2	模型 3	模型 4	模型 5	模型 6
变　量	总　体	票　价	频　率	服　务	出行时间	准点率
性　别	0.051	0.107	−0.252	−0.122	−0.068	−0.080
	(0.28)	(0.63)	(−1.46)	(−0.70)	(−0.39)	(−0.44)
年　龄	−0.008	−0.216 **	0.120	−0.052	−0.151	0.288 **
	(−0.07)	(−1.98)	(1.08)	(−0.45)	(−1.34)	(2.46)
月收入	0.047	0.227 **	0.183 **	−0.004	0.092	−0.087
	(0.48)	(2.43)	(2.00)	(−0.04)	(1.00)	(−0.91)
职　业	−0.027	−0.003	−0.023	0.149 **	0.036	0.080
	(−0.39)	(−0.05)	(−0.36)	(2.27)	(0.56)	(1.22)
出行目的	0.220 ***	0.133 *	0.049	−0.022	0.132 *	−0.089
	(2.63)	(1.68)	(0.62)	(−0.28)	(1.66)	(−1.12)
4 h 节省 1 h 时间价值	0.149	0.237 **	−0.153	−0.028	−0.117	−0.121
	(1.43)	(2.40)	(−1.53)	(−0.29)	(−1.15)	(−1.19)
8 h 节省 2 h 时间价值	−0.005	0.088	0.231 **	−0.119	−0.002	0.138
	(−0.05)	(0.88)	(2.21)	(−1.17)	(−0.02)	(1.31)

续上表

模型编号	模型 1	模型 2	模型 3	模型 4	模型 5	模型 6
Constant cut1	−4.294 ***	−4.055 ***	−2.463 ***	−5.423 ***	−4.473 ***	−5.042 ***
	(−5.02)	(−4.86)	(−4.86)	(−7.32)	(−7.16)	(−5.91)
Constant cut2	−3.027 ***	−0.579	−0.087	−3.661 ***	−3.291 ***	−3.318 ***
	(−4.94)	(−1.23)	(−0.19)	(−6.98)	(−6.26)	(−5.88)
Constant cut3	−1.207 **	1.296 ***	1.896 ***	−1.553 ***	−1.594 ***	−1.512 ***
	(−2.37)	(2.76)	(3.97)	(−3.27)	(−3.29)	(−3.05)
Constant cut4	1.843 ***	3.356 ***		0.454	0.541	0.622
	(3.62)	(6.86)		(0.97)	(1.13)	(1.27)
Observations	507	507	507	507	507	507
PO Test	YES	YES	YES	YES	YES	YES
LR	21.23 ***	62.41 ***	32.49 ***	15.74 ***	11.77 ***	15.26 ***
Pseudo R^2	0.022	0.047	0.027	0.013	0.010	0.015

注：已分别进行了比例优势检验(proportion odds test，即表中 PO Test)，括号内为检验统计值所对应的标准差，*** 、** 和 * 分别表示在 1%、5%和 10%的水平上显著。

从表 6-14 的参数估计结果看，对高速铁路接受度的几个不同侧面的回归结果，其 LR 值都是显著的，说明总体模型有效。在 6 个不同的接受度被解释变量的模型中，情况不尽相同。性别对于高速铁路的接受程度，在 6 个模型中都不显著，这说明性别并不会对高速铁路满意程度造成影响。

从票价的接受度(模型 2)来看，年龄与票价接受度呈显著的负向相关关系，说明年龄越大的群体对高速铁路票价的接受程度越低。月收入与接受度呈显著的正向相关关系，说明高收入群体对高速铁路票价接受程度高，愿意搭乘高速铁路出行。出行目的与票价接受程度也呈现正相关关系，结合出行目的数值的设置可以看出，公务与商务出行目的对票价的接受程度最高，其次是旅游休闲，上学与返乡务工等目的，价格弹性大，接受程度排在最后。与此相对应的是 4 h 节省 1 h 愿多花费的题目考察的时间价值，其正向相关关系显著，愿意花费更多的乘客其对票价满意程度更高。而 8 h 节省 2 h 愿多花费的题目考察的时间价值并不显著，这也说明了商务出行或公务出行人士，选择并看重的主要是短途出行的时间价值，对长途出行而言，其可能选择民航等方式，因此对于 8 h 长途出行，愿意付出越多并不意味着对票价接受程度越高。

对频率的接受度(模型 3)而言，年龄、职业和出行目的与频率接受度关系不显著，而月收入与接受度呈正相关，说明月收入越高的群体，越倾向于接受高速铁路的服务频率，因为服务频率代表着出行的可能选择和尽量少的期望出行与实际出行间的迟滞。值得注意的是 8 h 节省 2 h 愿多花费的乘客，越倾向于更高程度的接受高速铁路的服务频率，说明在中长途旅行中，愿意花费越多的乘客对频率更接受，这部分人可能拥有更直接的关于高速铁路频率的认识，更注重高速铁路的频率优势。

在对服务的接受度(模型 4)中,只有职业对于服务接受度呈显著正相关关系,说明公务员和企事业单位的管理者更加注重高速铁路的服务,而企事业单位普通员工和收入相对较低的个体户、自由职业者对高速铁路服务接受度次之。

对出行时间的参数估计(模型 5)中,只有出行目的对出行时间接受度成正向相关关系,说明公务与商务出行对出行时间更为看重,对高速铁路的出行时间优势也更为接受,旅游出行的接受度次之,返乡上学等出行对高速铁路的时间优势接受度再次。

在对准点率接受度参数估计(模型 6)中,只有年龄与准点率接受度显著正相关,这说明年龄越大的旅客越倾向于接受高速铁路带来的准时准点的优势,而年龄越年轻的乘客可能仍然对高速铁路服务的准点率接受程度一般或相对较低,说明年轻的群体对时间要求更为苛刻,而年长的群体更容易从高速铁路准点的服务中得到满足。

最后从总体的接受度(模型 1)进行分析,只有出行目的与高速铁路的总体接受程度呈现正相关关系,且在 99%的置信区间上显著,说明总体上看,公务与商务出行更看重高速铁路相较于其他交通方式的优势。从上学、返乡、休闲旅游到商务出行积累不同目的,其接受度的递进关系显著。4 h 旅程节省 1 h 愿多花费与接受度有一定程度的正相关关系,说明时间价值越高的旅客,更倾向于认可高速铁路带来的速度优势,且 4 h 高速铁路相对民航而言,具备一定的时间优势,这也是显著程度较其他变量较高的原因。相对而言,其他解释变量的显著程度较低,说明样本受访者对高速铁路的总体接受度与性别、年龄、月收入、工作类型的相关关系水平一般。

本小节并没有纳入对于"抢票难"接受程度的估计结果,因为估计结果中所有涉及的解释变量均对高峰时期"抢票难"接受程度影响不显著,这有可能是接受程度与个体的思考和认知相关性强,而与显示特征相关性弱导致的。在此本书略去对"抢票难"进行分析,从描述性分析中得到"抢票难"的接受程度相较其他层面低的结论。

另外需要说明的是,由于 Stata 软件给出的初始回归结果仅能从显著程度与方向上分析,经过优势比转换才能具有实际意义,因此本书着重对总体接受度、票价接受度和频率接受度 3 个模型进行分析,呈现其经过优势比转换后的结果,见表 6-15。

表 6-15 总体、票价与频率的参数估计的优势比转化结果

模型编号	模型 1	模型 2	模型 3
变　量	总　体	票　价	频　率
性　别	1.052	1.113	0.777
年　龄	0.992	0.806**	1.128
月收入	1.048	1.255**	1.201**
职　业	0.974	0.997	0.977
出行目的	1.247***	1.142*	1.050
4 h 节省 1 h 时间价值	1.161	1.267**	0.858
8 h 节省 2 h 时间价值	0.995	1.092	1.260**

注:括号内为检验统计值所对应的标准差,***、** 和 * 分别表示在 1%、5%和 10%的水平上显著。

从票价接受度(模型 2)开始分析,控制其他变量的前提下,年龄高的乘客对高速铁路票价接受程度要比年龄低的乘客低一些。分析表明,年龄高的乘客对高速铁路票价的接受可能性是年龄低的乘客的 80%左右。例如,26~30 岁的乘客,其票价的接受程度比 19~25 岁的乘客高的概率,仅为票价接受程度不及 19~25 岁乘客的概率的 80.6%。对月收入而言,高收入群体对票价接受程度更高的可能性是低收入群体接受程度高的可能性的 1.255 倍。对出行目的而言,公务与商务出行的乘客对票价接受程度更高的可能性是旅游休闲为目的的乘客票价接受度更高的可能性的 1.142 倍。从时间价值切入,在 4 h 旅程中,愿意多花费 41~60 元节省 1 h 的旅客对票价接受程度更高的可能性是愿意多花费 21~40 元节省 1 h 的乘客接受程度更高可能性的 1.267 倍。

频率的分析与票价分析类似,更高收入对高速铁路频率接受度更高的可能性是相对较低收入对高速铁路频率接受程度更高可能性的 1.201 倍。在 8 h 旅程中,愿意多花费更多的乘客其对高速铁路频率的接受度更高的可能性是愿意花费更少的乘客对高速铁路频率接受度更高可能性的 1.26 倍。

从上述分析可以看出,优势比转换是对估计结果的实际意义的进一步细化,虽然对不同选项可能性比较的说法直观性一般,但可以明确其影响的程度。这也是本书以显著程度与参数估计正负方向为主,辅以优势比转换分析的原因。

接下来是将“被高铁”的效益变化评价作为被解释变量的多元有序 Logistic 模型的参数估计结果与分析,估计结果见表 6-16。

表 6-16 “被高铁”效益变化评价以及应对“被高铁”选择的有序 Logistic 估计结果

模型编号	模型 7	模型 8
变量	“被高铁”的效益变化	应对“被高铁”可能的选择
性别	−0.363	−0.318
	(−1.12)	(−1.29)
年龄	−0.144	0.228 **
	(−1.27)	(1.97)
月收入	−0.032	−0.025
	(−0.34)	(−0.26)
职业	0.163 **	−0.002
	(2.57)	(−0.03)
出行目的	0.135 *	0.088
	(1.75)	(1.12)
4 h 节省 1 h 时间价值	0.212 **	0.090
	(2.16)	(0.90)
8 h 节省 2 h 时间价值	0.080	0.028
	(0.79)	(0.27)

续上表

模型编号	模型7	模型8
应对“被高铁”可能的选择	0.339***	
	(4.65)	
“被高铁”效益变化		0.477***
		(5.61)
Constant cut1	−1.977***	0.459
	(−3.38)	(0.82)
Constant cut2	−0.518	1.297**
	(−0.98)	(2.32)
Constant cut3	0.563	1.675***
	(1.08)	(2.99)
Constant cut4	2.490***	4.323***
	(4.67)	(7.33)
Constant cut5	4.788***	
	(8.53)	
PO Test	YES	YES
Observations	507	507
LR	107.55***	73.39***
Pseudo R^2	0.073	0.056

注：已分别进行了比例优势检验（proportion odds test，即表中 PO Test），括号内为检验统计值所对应的标准差，***、**和*分别表示在1%、5%和10%的水平上显著。

从表6-16来看，LR均是显著的，说明模型具有一定的解释力。在模型7中，尝试加入了应对“被高铁”可能的选择作为解释变量，在模型8中，尝试加入“被高铁”的效益变化作为解释变量，这样做的目的是观察二者显示出的结果与规律是否一致，侧面检查样本的质量。从结果中可以看出，模型7中，应对“被高铁”可能的选择作为解释变量正向显著，模型8中，“被高铁”的效益变化作为解释变量正向显著，二者 t 检验结果 P 值为零。这说明二者呈现的规律一致，喜欢乘坐高速列车的人，对“被高铁”现象存在的接受度高，效益主要感知为获益；而切身感知到“被高铁”的人，选择坚持呼吁原普速旅客列车重新运营的人群，对“被高铁”效益变化评价倾向效益受损。

对模型7进行分析，性别与“被高铁”效益变化关系不显著。从职业类型分析，职业与“被高铁”效益水平呈显著的正向相关，说明公务员与企事业单位的管理者等群体注意“被高铁”的程度少，而企事业单位普通职员与个体户、自由职业者因“被高铁”导致效益水平有所降低，说明这些群体自费出行居多，大概率曾经遭受到了“被高铁”现象。出行目的也印证了工作与“被高铁”效益变化关系的结论，公务与商务出行的人认为高速铁路带来的便捷超过了“被高铁”的不满，旅行休闲人群次之，真正受到影响是出行存在硬性需求的返乡返工群体与上学群体，因此他们受到“被高铁”的负向效益影响。反映在4 h长途出行节省1 h时间价值上，往往时间价值高的群体，高速铁路的运输价格低于其保留价格，高速铁路出现更多带来的是效益获益，因此回归结果正向显著。而时间价值低的群体，有可能保留价格低于高速铁路运输价格，即可能存在被迫选择高速铁路的现象，因此受“被高铁”影响，其效益状况可能受到损失。

对模型 8 进行分析，性别结果与模型 7 类似，对结果的影响不显著。对于模型 8 而言，年龄与面临“被高铁”可能的选择正向相关，即年龄越大越倾向于选择喜欢乘坐高速列车和适应乘坐高速列车，这可能与年龄越大收入越高，愿意享受高速铁路服务有关。模型 8 中其他变量显著程度不高，有可能是因为选项设置的缘故导致选择相对分散。

与对高速铁路满意程度的分析逻辑一致，在此对模型 7 与模型 8 进行优势比转换，具体观察解释变量的影响程度，结果见表 6-17。

表 6-17 模型 7、模型 8 的参数估计的优势比转化结果

模型编号	模型 7	模型 8
变　量	对“被高铁”的满意度	应对“被高铁”可能的选择
性　别	0.696	0.727
年　龄	0.866	1.256 **
月收入	0.969	0.975
职　业	1.177 **	0.998
出行目的	1.144 *	1.092
4 h 节省 1 h 时间价值	1.236 **	1.094
8 h 节省 2 h 时间价值	1.083	1.028

注：** 和 * 分别表示在 5% 和 10% 的水平上显著。

首先从优势比转换结果分析模型 7，从职业类型看，职业赋值高的企事业单位管理人员“被高铁”后效益水平获益的概率是职业赋值较低的公务员“被高铁”后效益水平获益的 1.177 倍，其他赋值的职业类型同理。从出行目的分析，出行目的为公务出行的旅客对“被高铁”后效益水平获益的概率为旅游休闲旅客效益水平获益概率的 1.144 倍，其他出行目的与赋值低一级的出行比较结果同理。从时间价值分析，为 4 h 出行节省 1 h 投入更高的旅客对“被高铁”后效益水平获益的概率是投入不及的旅客效益水平获益概率的 1.236 倍。同理可以得出异质性旅客在控制其他变量情况下，受损程度与概率的图谱。从程度上可以看出人群在时间价值等级间的变化对“被高铁”效益水平影响的幅度最大，因此时间价值越低的人群越有可能因“被高铁”效益受损，这恰恰印证了高速铁路对普速旅客列车乘客社会效益影响最大的结论。

其次从优势比转换结果分析模型 8，从年龄看，年龄更大的乘客应对“被高铁”更有可能做出喜欢乘坐高速列车的适应性改变，其选择喜欢乘坐高速列车的可能性是年龄较低乘客群体选择喜欢乘坐高速列车的可能性的概率的 1.256 倍。对于模型 8 而言，其他选项的显著程度不高。可以看出年龄虽然多数情况属于并不会产生很大差异的控制变量，但是在涉及社会公平性和消费习惯等方面，会因人的特性对效益水平产生不同的影响。

接下来对乘客出行选择参数估计，与满意度和效益水平的影响估计不同的是，出行选择估计采用 MNL 模型。因为乘客的出行选择并不具有自然排序的属性，仅代表不同的类别，所以采用 MNL 模型刻画乘客出行选择更为合适。乘客出行选择的分析模型为：

$$U_{ij}=\gamma_0+\gamma_1\text{character}_i+\gamma_2\text{travel}_i+\varepsilon_{ij} \tag{6-3}$$

式中 U_{ij}——乘客 i 选择交通方式 j 选项带来的随机效用；

character_i——个体 i 的个人特征信息；

travel_i——个体 i 的出行特征信息，其只随个体变动，不随方式 j 变动；

γ_0——截距项；

γ_1,γ_2——解释变量的回归系数；

ε_{ij}——随机项。

通过对 MNL 模型进行极大似然回归，可以得到出行选择受到来自个人特征信息与出行特征信息的影响。本书使用 Stata 软件中的 mlogit 命令进行参数估计，结果见表 6-18。

表 6-18 出行选择的影响因素参数估计结果

选　项	1	3	4
变　量	普速旅客列车	民航	长途大巴
性　别	0.123	0.040	−0.051
	(0.38)	(0.09)	(−0.13)
年　龄	0.193	0.094	0.536**
	(0.84)	(0.31)	(1.99)
月 收 入	−0.766***	0.514*	−0.443*
	(−3.59)	(−1.94)	(−1.88)
职　业	−0.026	0.011	−0.295*
	(−0.21)	(0.07)	(−1.87)
出行目的	−0.067	0.088	0.220
	(−0.56)	(0.43)	(1.40)
4 h 节省 1 h 时间价值	0.019	−0.087	−0.011
	(0.11)	(−0.37)	(−0.05)
8 h 节省 2 h 时间价值	−0.145	0.574**	−0.315
	(−0.74)	(2.34)	(−1.16)
Constant	0.005	−3.722***	−1.537
	(0.01)	(−2.96)	(−1.43)
Observations	507		
LR	100.03***		
Pseudo R^2	0.127 3		

注：括号内为检验统计值所对应的标准差，***、** 和 * 分别表示在 1%、5%和 10%的水平上显著。

在表 6-18 的 MNL 估计中，选用了乘坐高速列车作为参照选项，因此结果显示了选项 1 普速旅客列车、选项 3 民航与选项 4 长途大巴的估计结果。总体来看，参数估计的 LR 值显著，总体模型有效。普速旅客列车的收入选项与选择均是负相关的，说明在样本群体中收入越高的群体越倾向于选择高速铁路出行，而民航的收入选项与选择是正相关的，说明收入越高，选择民航出行的可能性越大。可以看出普速旅客列车的参数估计结果的绝对值最大，说明相较于其他方式，随着收入的提高，对普速旅客列车的选择可能性越低。而从民航与高速铁路的比较来看，8 h 长途旅行节省 25%时间愿花费越高的旅客越倾向于选择民航出行，这也符合选择高速铁路的优势竞争区间在 975 km 左右的研究结论。而对于长途大巴的选择群体来看，年龄与长途大巴的选择呈正相关关系，这说明年龄越大的群体乃至于退休群体倾向于使用门到门更便捷的公路客运出行。而工作、收入与长途大巴的选择呈显著的负向相关，说明收入越高、工作层次越高会减少选择长途大巴而更倾向于选择高速铁路，这与高速铁路更好的配套服务、更快捷的速度与车厢内部私人空间的环境都有密不可分的关系。

对参数回归结果进行相对风险比转换，观察不同因素对于选择的具体影响程度，见表 6-19。

表 6-19　出行选择参数估计结果的相对风险比转换结果

选　项	1	3	4
变　量	普速旅客列车	民航	长途大巴
性　别	1.131	1.040	0.950
年　龄	1.213	1.099	1.709 **
月收入	0.465 ***	1.672 *	0.642 *
职　业	0.974	1.011	0.744 *
出行目的	0.935	1.092	1.246
4 h 节省 1 h 时间价值	1.020	0.917	0.989
8 h 节省 2 h 时间价值	0.865	1.776 **	0.730

注：***、** 和 * 分别表示在 1%、5%和 10%的水平上显著。

从相对风险比转换后的结果可知，在所收集的样本中，收入更高的群体相比收入较低的群体选择普速旅客列车的概率而非选择高速铁路概率的可能性仅为 46.5%，选择长途大巴出行的概率而非选择高速铁路出行概率仅为 64.2%，而对民航而言，收入更高的群体选择民航出行的概率而不是高速铁路出行的概率是收入较低等级的 1.672 倍。在时间价值层面，8 h 愿意花费更多以节省 2 h 出行的旅客选择民航的可能性而不是高速铁路出行可能性是花费相对较低人群选择概率的 1.776 倍。对长途大巴展开分析，在控制其他变量不变的情况下，年龄越大的乘客选择长途大巴出行概率是年龄较低选择长途大巴出行的 1.709 倍。对职业而言，更高赋值的职业选择长途大巴出行是较低赋值职业选择长途大巴出行概率的 74.4%。例如，企事业单位普通员工选择长途大巴而非高速铁路的概率仅为自由职业者选择长途大巴而非高速铁路概率的 74.4%。综合转换结果可以看出，时间价值对于民航出行还是高速铁路出行的影响概率很大。长途旅行中时间价值越高的乘客越倾向于选择民航出行。普速旅客列车与高速铁路的出行选择来看，收入的效应非常明显，收入提升选择高速铁路出行的可能性更大。从另一个角度来看，收入较低的群体选择普速旅客列车出行刚性很大，因此回归结果才十分显著，如果所乘区间内无普速旅客列车可选，收入较低的群体很可能遭受到高速铁路高票价引致的效益损失。长途大巴和高速铁路的选择情况与普速旅客列车与高速铁路的选择情况类似，收入与职业层次相对较低的旅客，选择长途大巴具有一定的刚性。值得思考的是，年龄越大的乘客越倾向于选择长途大巴，这其中隐含着消费习惯与对不同运输模式的偏好。一些其他特征的影响（如出行目的等）并不显著，这样的结果主要受限于样本规模与样本质量。

6.3　问卷调查分析

本书通过问卷调查进行实证分析，首先分析了问卷调查的目的与适用性，其次根据调查目的设置了问卷的题目，并筛选了受访者群体发放了问卷，最后通过对问卷调查的描述统计分析与模型分析获得了来自样本总体的结论，现将实证研究获得的结论总结如下：

6.3.1　接受程度

当前，乘客对于高速铁路的接受度较高，但仍然存在部分群体对高速铁路接受程度一般。总体上看，透过样本总体反映出来的规律，对高速铁路完全接受与比较接受的乘客占样本总体的 92.11%，说明高速铁路提供的服务被乘客广泛接受，大部分群体满意高速铁路进入运输市场后带来的运输产品格局变化。这也印证了第 4 章，高速铁路总体上给乘客带来的是效益增加的研究结论。

(1)票价的接受度会显著地受到来自乘客年龄、收入、出行目的与时间价值的影响，说明当前搭乘高速列车出行的乘客群体间有显著的差异，收入越高、出行时间价值越高、公务与商务出行的乘客群体更倾向于对高速铁路票价接受，而收入较低、出行时间价值低、出行目的为上学或务工等的乘客，对高速铁路票价的接受程度相对较低。这也说明了该部分群体，在高速列车出行与其他方式出行选择中，可能选择其他方式以提高满意度。若因市场竞争导致其他方式停运，可能导致效益损失。

(2)从频率上看，收入越高的群体对高速铁路频率接受度高，说明了高收入群体在旅行中要求的更多的是减少期望出行与实际出行间的时滞。问卷调查还调查得到了对“抢票难”以及高铁车站与市中心接驳方便度的乘客认识，在这些方面，高速铁路的服务还有提升的空间。

6.3.2 “被高铁”现象

大部分人对“被高铁”有所听闻，低收入群体在“被高铁”后效益更可能受损。从获取的数据方面可以看出，56.61%的样本群体听说过“被高铁”现象，44.58%的样本群体声称亲身经历了“被高铁”现象，效益受损的群体约占样本总体的19.72%，说明确实有一部分地区的乘客遭受到了高速铁路进入市场导致其他方式停运而被迫选择高速铁路的现象。这也印证了第4章实证环节中部分群体产生效益损失的结论。具体分析结果显示，低收入群体与出行时间价值较低的群体对“被高铁”后的效益评价倾向于受损，而高收入群体与公务出行人员，对“被高铁”的效益评价倾向于受益。这说明对不同人群，高速铁路对其他方式的替代效应产生的效益影响确实有所区别，对于高收入、公务出行的乘客群体，高速铁路带来更快捷的服务与更丰富的运输产品，带来主动的选择与消费，提升效益水平。而对于低收入、自费出行的乘客群体，高速铁路票价高于其保留价格，若因选择有限而被动选择就会引致效益的损失。

6.3.3 出行选择

在出行选择方面，收入对出行选择的最终影响比较显著，选择普速旅客列车出行的旅客相对更容易受到来自高速铁路竞争引致选择铁路出行频率下降的损失。随着收入的上升，选择高速列车而非普速旅客列车出行的可能性大大上升，换种说法来看，低收入群体更为可能坚持普速旅客列车出行。这也与第4章实证结果中，高速铁路对习惯乘坐普速旅客列车的乘客群体影响最大，效益损失程度最大的结论。当前发展阶段，收入更高的群体更希望搭乘民航出行，因此，即使发生了“被高铁”现象，旅客选择高速铁路也不会产生很大幅度的保留价格与高速铁路票价的差异，最终不会造成大幅度的效益影响。这也与第4章，对于习惯搭乘民航的乘客，其受高速铁路影响的效益变化程度较小的结论形成了印证。

6.3.4 时间价值

乘客的时间价值对期望选择与乘客社会效益有显著的相关关系。在问卷调查阶段本书着重设置了乘客时间价值变量，并区分了4 h与8 h两种出行情景下的乘客时间价值。在对高速铁路接受度参数估计结果中，时间价值越高的乘客越倾向于接受高速铁路的票价。从“被高铁”的效益水平变化的分析上看，时间价值越低的乘客，对票价接受程度低，越可能因“被高铁”导致效益受损。从出行选择的参数估计结果看，8 h愿意为节省25%旅行时长花费更多的乘客越倾向于选择民航出行。从上述结果看来，时间价值的设置在模型中有一定的效果，反映时间价值与出行选择以及出行效用的关系，在本书第4章与本章的实证分析中均有所体现。事实上时间价值不仅仅是收入的体现，也是不同职业与不同出行目的对时间评价的体现。时间价值越高的旅客，可以从快捷的交通方式中获取效益，而时间价值较低的旅客，倾向于选择低廉票价的运输产品，耗费更多的时间，达成出行的目的。因此，本书得出了高速铁路对乘客社会效益的负向影响，主要是由于低时间价值群体需求与供给错配，所以效益损失集中发生在低时间价值群体中。另外，设置两个时间价值，显示出的结果存在一定的差异。在描述性统计中出行时间越长，节省时间带来的效用越大，乘客的边际意愿投入越高。而在模型设定分析中 4 h 与 8 h 代表了两种类型的长途旅行，在民航与高速铁路乘客选择中，8 h 长途旅行越高的旅客越倾向于选择民航出行的结论体现出了不同距离下时间价值对选择的影响，说明对时间价值进行不同梯度分析具有一定的意义。

6.3.5　高速铁路的服务

高速铁路的服务还可以从一些方面提升以提高乘客满意度与社会效益水平。通过对"抢票难"接受程度、最期待高速铁路提升方面的调查分析，虽然乘客总体对高速铁路接受度较高，但是高速铁路仍存在可提升的方面。首先，"抢票难"的不接受程度接近 40%，这说明缓解高峰时期票务紧张对提升满意度水平至关重要。可以在高峰时期采取优化列车结构等手段提高运输能力，缓解"抢票难"。另外通过最期待高速铁路提升的调查来看，有 8.68% 的受访者选择提升高铁车站与城市中心的接驳项，说明高速铁路运输服务合理延伸对提升乘客满意度与效益水平有重要影响。总之，高速铁路服务应该深入调查分析旅客的需求，从可行的方向进行改进，以提高服务水平。高速铁路与其他运输方式，不仅是多种城际间，也应该在市内交通接驳和协调互动中，减少市场竞争与接驳不畅导致的乘客社会效益损失，使乘客运输需求得到有效的满足。

参 考 文 献

[1] 方福前，吕文慧. 中国城镇居民福利水平影响因素分析：基于阿马蒂亚・森的能力方法和结构方程模型[J]. 管理世界，2009(4)：17-26.

[2] 许洋. 劳动力就业稳定性影响因素及其家庭福利效应的研究[D]. 南昌：华东交通大学，2018.

[3] 刘秉政，葛颖恩，曹凯. 考虑乘客主观评判的地铁与公交的票价及换乘优惠率优化[J]. 系统工程理论与实践，2016，36(12)：3188-3197.

[4] 叶倩文，陈旭梅，柏喜红. 基于 NL 模型的北京公共交通票价对出行方式影响研究[J]. 山东科学，2019，32(2)：79-88.

[5] 李玉. 城市共享单车选择行为及发展对策研究[D]. 成都：西南交通大学，2018.

[6] 王晟由. 北京都市圈居民出行特征分析及交通资源配置优化设计[D]. 北京：北京交通大学，2018.

[7] 张正岩，李金倍，侯云潇. 分级诊疗制度对农村居民就医行为与社会福利的影响研究：基于河南省 241 份问卷调查的实证分析[J]. 农业经济与管理，2018(6)：69-77.

[8] 吴明隆. SPSS 统计应用实务[M]. 北京：中国铁道出版社，2000.

[9] 亓莱滨. 李克特量表的统计学分析与模糊综合评判[J]. 山东科学，2006，19(2)：18-23.

[10] 陈强. 高级计量经济学及 Stata 应用[M]. 2 版. 北京：高等教育出版社，2014.

[11] 任海燕,傅红春.收入与居民幸福感关系的中国验证:基于绝对收入与相对收入的分析[J].南京社会科学,2011(12):15-21.

[12] BRANT R. Assessing proportionality in the proportional odds model for ordinal logistic regression.[J]. Biometrics,1990,46(4):1171-1178.

[13] 郭谨一,刘剑锋,何宇强,等.高速客运专线建设条件分析[J].铁道科学与工程学报,2006,3(1):41-45.

第 7 章　政策视角的高速铁路社会效益影响分析

高速铁路社会效益的发挥，离不开相关的政策设计和政策实施。本章对高速铁路相关交通政策及其社会效益影响、投融资政策及其社会效益影响、规划政策及其社会效益影响、土地政策及其社会效益影响等进行了论述。高速铁路相关交通政策既包括国内交通政策，也包括国际交通政策。高速铁路相关投融资政策方面，在梳理国外高速铁路投融资政策基础上，对我国高速铁路投融资政策产生的正向社会效益和负向社会效益进行了分析。

7.1　高速铁路相关交通政策及其社会效益影响

7.1.1　交通政策

铁路是关系国计民生的重要基础设施。2021 年3 月 15 日，国务院办公厅转发国家发改委等《关于进一步做好铁路规划建设工作意见的通知》中明确指出，到 2035 年，使铁路网络布局结构更加优化完善，铁路债务规模和负债水平处于合理区间，为加快建设交通强国当好先行，为全面建设社会主义现代化国家提供有力支撑。2021 年 2 月底，中共中央、国务院印发《国家综合立体交通网规划纲要》，提出到 2035 年，国家综合立体交通网实体线网总规模合计 70 万 km 左右(不含国际陆路通道境外段、空中及海上航路、邮路里程)，其中铁路 20 万 km 左右。20 万 km 铁路中，高速铁路包含部分城际铁路，将达到 7 万 km 左右，建设“八纵八横”高速铁路主通道，以及区域性高速铁路，形成高效的现代化高速铁路网。普速铁路包含部分市域铁路，将达到 13 万 km。

1. 国内交通政策

(1)《中长期铁路网规划》

2016 年 7 月 13 日，国家发展改革委印发《关于印发〈中长期铁路网规划〉的通知》及《中长期铁路网规划》。本次规划规划期为 2016—2025 年，远期展望到 2030 年。这是我国铁路基础设施的中长期空间布局规划，是推进铁路建设的基本依据，是指导我国铁路发展的纲领性文件，更是我国铁路及高速铁路发展政策的集中反映，主要包括如下几个方面的政策要点：

①做好与其他交通方式的优化衔接，构建现代综合交通运输体系，打造一体化综合交通

枢纽，完善公共信息服务平台，实现客运换乘“零距离”、物流衔接“无缝化”、运输服务“一体化”，全面提升综合交通服务水平和运输效率。

②以改革创新办法推动铁路建设，继续深化铁路投融资体制改革，创新市场化融资方式，积极鼓励引导社会资本投入，拓宽融资渠道，激发市场活力，采取综合措施提升铁路可持续发展能力。

③强化《中长期铁路网规划》的指导作用，维护《中长期铁路网规划》的权威性和严肃性，不得随意变更《中长期铁路网规划》内容。要科学组织项目建设，加快推进规划项目前期工作，具体建设项目在五年规划中统筹安排，并严格按照国家有关基本建设程序办理。

④国家发展改革委会同相关部门深化简政放权、放管结合、优化服务改革，并协调国务院有关部门给予积极支持，进一步深化细化配套政策措施。

《中长期铁路网规划》提出，到 2025 年，铁路网规模达到 17.5 万 km 左右，其中高速铁网络覆盖进一步扩大，路网结构更加优化，骨干作用更加显著，更好发挥铁路对经济社会发展的保障作用。展望到 2030 年，基本实现内外互联互通、区际多路畅通、省会高铁连通、地市快速通达、县域基本覆盖。

(2)《新时代交通强国铁路先行规划纲要》

2020 年 8 月 13 日，中国国家铁路集团有限公司出台了《新时代交通强国铁路先行规划纲要》，提出了我国铁路 2035 年、2050 年发展目标和主要任务，描绘了新时代中国铁路发展美好蓝图。《新时代交通强国铁路先行规划纲要》提出从 2021 年到 21 世纪中叶分两个阶段推进的发展目标，是高速铁路发展政策的重要体现。

①第一个阶段交通政策发展目标：到 2035 年，将率先建成服务安全优质、保障坚强有力、实力国际领先的现代化铁路强国。基础设施规模质量、技术装备和科技创新能力、服务品质和产品供给水平世界领先；运输安全水平、经营管理水平、现代治理能力位居世界前列；绿色环保优势和综合交通骨干地位、服务保障和支撑引领作用、国际竞争力和影响力全面增强。

a. 现代化铁路网率先建成。铁路网内外互联互通、区际多路畅通、省会高效连通、地市快速通达、县域基本覆盖、枢纽衔接顺畅，网络设施智慧升级，有效供给能力充沛。全国铁路网 20 万 km 左右，其中高速铁路 7 万 km 左右。20 万人口以上城市实现铁路覆盖，其中 50 万人口以上城市高铁通达。

b. 创新引领技术自主先进。铁路自主创新能力和产业链现代化水平全面提升，铁路科技创新体系健全完善，关键核心技术装备自主可控、先进适用、安全高效，智能高铁率先建成，智慧铁路加快实现。

c. 运输服务供给品质一流。高效率的全程服务体系和高品质的产品供给体系更加完善，全国 1、2、3 h 高铁出行圈和全国 1、2、3 天快货物流圈全面形成，人享其行、物畅其流，安全优质、人民满意。

d. 铁路运输安全持续稳定。人防、物防、技防“三位一体”的安全保障体系健全有力，本质安全水平、安全预防及管控能力、应急处置及救援能力全面提升，高速列车和普速旅客列车安全得到可靠保障，铁路交通事故率、死亡率大幅降低。

e. 运营效率效益更加优良。运输效率、资源配置效率、资本运营效率持续提升，市场规模、经营发展质量不断跃升，主要运输经济指标保持世界领先，主要经营效益指标位居世界前列，国铁资本做强做优做大，国铁集团成为世界一流企业。

f. 铁路治理体系健全高效。党对铁路的全面领导坚强有力，铁路管理体制机制更加健全，制度更加完备，人才队伍精良，市场环境优良，发展活力增强，国铁企业的行业主体作用突出，治理体系和治理能力实现现代化。

g. 绿色骨干优势充分发挥。铁路与其他交通运输方式实现深度融合、优势互补，铁路比较优势更好发挥，铁路的客货运输市场份额持续提升，在现代综合交通运输体系中的骨干作用和地位明显增强。

h. 支撑引领作用全面增强。铁路服务经济社会发展的作用更加显著，应对突发事件及自然灾害、完成急难险重任务、服务重大战略、维护国家安全的能力全面提升，铁路成为社会主义现代化建设的重要支撑。

i. 国际竞争力影响力跃升。中欧班列成为具有国际影响力的世界知名铁路物流品牌，中国成为全球铁路科技创新高地，铁路走出去的产业链和价值链向中高端聚集，中国铁路国际竞争力和影响力显著提升。

②第二个阶段交通政策发展目标：到 2050 年，全面建成更高水平的现代化铁路强国，全面服务和保障社会主义现代化强国建设。铁路服务供给和经营发展、支撑保障和先行引领、安全水平和现代治理能力迈上更高水平；智慧化和绿色化水平、科技创新能力和产业链水平、国际竞争力和影响力保持领先，制度优势更加突出。形成辐射功能强大的现代铁路产业体系，建成具有全球竞争力的世界一流铁路企业。中国铁路成为社会主义现代化强国和中华民族伟大复兴的重要标志和组成部分，成为世界铁路发展的重要推动者和全球铁路规则制定的重要参与者。

2. 国际交通政策

在不断推进我国铁路健康发展的同时，在“一带一路”倡议的基础上，我国可强化与周边国家的铁路互联互通，稳妥推进中国铁路“走出去”的发展步伐，助力我国深化供给侧结构性改革，充分发挥我国超大规模市场优势和内需潜力，构建国内国际双循环相互促进的新发展格局。

近年来，中国铁路“走出去”呈现良好态势，也取得了一些成效。2014 年 7 月 25 日，中国企业在海外建设的连接土耳其首都安卡拉和伊斯坦布尔的高速铁路二期工程顺利通车，该项目覆盖路段全长 158 km，设计时速 250 km。安伊高速铁路二期是中国企业在海外建成的第一条高速铁路，完全采用欧洲标准和规范建设，对中国高速铁路进一步“走出去”具有重要示范作用。

2014 年 11 月 30 日，我国为马来西亚生产的世界运营速度最高的米轨动车组列车在南车株洲电力机车有限公司下线。

2015 年 3 月 26 日，印度尼西亚与中国签订《中印尼雅加达—万隆高速铁路合作谅解备忘录》；2015 年 9 月 2 日，中国成功竞标雅万高速铁路项目；2015 年 10 月 16 日，中国铁路总公司与 4 家印度尼西亚国有企业签署协议成立合资公司，共同建设和运营雅万高速铁路。2016 年 1 月 21 日，雅万高速铁路开工奠基；2018 年 6 月，雅万高速铁路全面开工；2021 年 4 月30 日，雅万高速铁路首座车站站房主体结构封顶。

中老昆万铁路是一条连接中国云南省昆明市与老挝万象市的电气化铁路，由中国按国铁Ⅰ级标准建设，是第一个以中方为主投资建设、共同运营并与中国铁路网直接连通的跨国铁路。2010 年 5 月 21 日，中老昆万铁路昆玉先建段开工建设；2021 年 12 月 3 日，中老昆万铁路全线通车运营。

与此同时，中俄签署莫斯科—喀山高速铁路发展合作谅解备忘录和勘察设计合同；中伊签署德黑兰—马什哈德铁路高速改造商务合同，中国进出口银行与伊朗工业与矿业银行签署协议文件，为该国兴建德黑兰—马什哈德高速铁路提供资金支持；中国与巴西、秘鲁启动了连接巴西和智利长度达 3 560 km 的“两洋”（大西洋、太平洋）铁路可行性基础研究工作等。

7.1.2 交通政策对高速铁路社会效益的影响

交通政策能够确保高速铁路建设顺利进行，带动沿线经济健康发展，对协调区域经济的发展有着重要影响，促进了区域平衡发展。其中，交通政策所带来的社会效益最明显的就是推动区域与城乡协调发展，缩小东中西部、城乡差距。例如，武广高速铁路的建设就可以把武汉城市圈、长株潭城市圈以及珠江三角城市圈联系在一起，加强彼此之间的联系和沟通，做好优势互补，从而实现三者之间的协调发展。总体而言，高速铁路可以使区域内城市的时空距离缩短，降低时间成本，有助于区域内生产要素的流动，直接促进商务和智力人流、旅游人流、劳动力的流动，间接促进信息流、资金流流动，从而有助于推动区域一体化发展。

在十九届五中全会上，“统筹推进基础设施建设，加快建设交通强国”被特别提出。建设交通强国，是党中央立足现实、直面变局、着眼长远，深刻把握我国和世界经济、科技、社会发展规律的基础上，提出的重大发展战略，是建设现代化经济体系的先行领域，也是全面建成社会主义现代化强国的重要支撑。当前，世界范围内新一轮的科技革命和产业变革正在加速，我国社会经济发展也进入新阶段，而这无疑给交通强国建设带来了新的战略机遇。尤其是，随着人工智能、大数据等新一代信息技术与交通行业深度融合，自动驾驶、车路协同等技术的逐步推广，在智能、平安、绿色、共享交通的发展水平不断进步的同时，人民生活的幸福感也随之提升。

高速铁路极大拉近了时空距离，促进了高速铁路沿线城市的交流，带来了“同城效应”，促进了城市群发展，也改变了不少年轻人的工作方式和老年人的养老方式，催生了高速铁路通勤族。高速铁路加快了东、中、西部和东北地区的交流，促进了区域经济社会协调发展，有力促进京津冀、粤港澳大湾区等地区一体化发展和长江经济带、西部大开发等区域发展战略的实施。相关机构研究表明，通高速铁路的城市与不通高速铁路的城市相比，可持续竞争力高出 57%。

高速铁路助力精准脱贫。我国中西部地区高速铁路发展迅速，相继建成了兰新、贵广、云桂、西成等一批高速铁路。高速铁路极大地促进了边远贫困地区经济社会发展，方便了沿线群众出行，促进了农产品销售和招商引资，高速铁路成为沿线人民的致富线、幸福线。我国在贫困地区设立高速铁路无轨站，扩大了高速铁路辐射范围，旅客在无轨站可以购买高速铁路车票，通过公交接驳至高铁车站，将贫困地区人民与现代高速铁路相连，极大地改善了当地交通环境，带动精准扶贫项目实施。

“高铁＋旅游”催生旅游新业态。乘着高速列车去旅游，使“快旅慢游”成为可能，同等时间可以看到更多祖国大好河山，提升了旅游效率。高速铁路让更多远在“深闺”、过去由于交通不便不易到达的旅游资源得以开发，许多地方出现旅游收入“井喷式”增长。陕西佛坪、湖北恩施、安徽绩溪、广西三江、云南普者黑等地旅游接待人数的快速增长，均得益于高速铁路的开通。“高铁＋旅游”，已经成为旅游发展新业态和人们旅游的新方式。

7.2　高速铁路相关投融资政策及其社会效益影响

7.2.1　投融资政策

交通运输既是基础设施投资的重要领域，又是新型基础设施的重要应用场景，要抓住“新一轮”基础设施建设的机遇，离不开对投融资政策进行研究和思考。

1. 日本高速铁路投融资政策

(1)政策扶持

在铁路建设方面，日本政府先后推出了《铁路企业法》《日本铁路改革法》等一系列相关法律，从法律保护方面高速铁路规划、设计、融资、建设、运营、管理、控制等环节平稳过渡和衔接。

(2)投融资模式

日本新干线建设的资金来源多种多样，每条新干线的融资方式和比例也各不相同。资金来源主要以下几个方面：

①国家投资。

②银行贷款。

③铁路整合基金。

④本地投资。

⑤JR 客运公司投资。

日本在新干线建设中，国家的参与度比较高，主要体现在新干线建设的资金来源上。在新干线建设资金中，由中央政府和 JR 客运公司承担特殊收入来源，指现有新干线转移收入的一部分，每年约 724 亿日元，通过日本铁路建设公司投资铁路实现基金。中央负担的相关公用事业费用是 NTT 股份转让收入以无息贷款形式使用的资金，通过铁路整合基金作为中央负担的一部分。私有化后，日本的新干线建设成本分摊比例为日本铁路公司 50%，日本政府 50%。1997 年以后，日本新干线建设的主体是中央政府和地方政府，投资比例为 2∶1，JR 客运公司仅将按照受益范围限制获得的收入作为建设资金，所占比例很小。目前日本的新干线建设资金主要以政府投资为主，民间资本占比极小。

2. 法国高速铁路投融资政策

(1)政策扶持

法国在 20 世纪 50 年代和 20 世纪 60 年代实施了高速列车(TGV)开发计划。政府颁布了一系列法令，以促进铁路基础设施的建设和发展，增加投资并提供财政补贴。

SNCF 是法国国家铁路公司，其经营理念是将铁路作为公共事业运营。2002 年法国铁路客运全面区域改革后，地方政府承担了区域客运的组织和财政支持责任。2002—2006 年，SNCF 共收到中央和地方政府的合同和补贴收入 314.7 亿欧元。

(2)投融资模式

法国高速铁路发展之初，高速铁路建设是由集网络和交通为一体的铁路公司组织起来的。除政府直接拨款外，大部分建设资金来自贷款或发行债券。此类基金属于非股权基金，需要偿还本金或支付利息。例如，东南线全部投资来自金融市场贷款，大西洋线 30%由国家补贴，70%向国内外银行借款。由于高速铁路建设周期长、投资大、回报期长，铁路企业承担了大量债务，严重影响了其健康发展。在随后的高速铁路建设项目中，法国不仅开始增加中央政府的投资比例，还积极寻求新的融资渠道。新的高速铁路建设计划只有在铁路运营收入充足、偿付能力充足的情况下，才能得到中央和地方的批准和支持。

1997 年，法国成立了铁路基础设施管理机构(RFF)，其主要职责是管理和维护公路网、分配运力、更新和扩大公路网、管理铁路资产和管理债务。国家对救助基金提供财政补贴。为确保交通基础设施项目的开发和维护资金来源，法国政府成立了交通基础设施融资机构(AFITF)，主要负责财政安排。AFITF 的资金来源主要包括国家拨款、高速公路公司分红、高速公路国有土地使用费等。

2006 年，法国政府授权 RFF 使用 PPP 模式作为新的融资工具进行融资。法国 PPP 项目的主要形式是合伙合同或特许经营协议。以合伙合同的形式，根据铁路运输需求的具体范围和标准进行融资。特许经营协议是 RFF 授权私营部门投资者建设和运营铁路项目，铁路运营商支付网络接入费用的协议。民间资本等新型融资渠道为法国高速铁路建设提供了强有力的资金保障。

3. 韩国高速铁路投融资政策

(1)政策扶持

1991 年,韩国颁布了《韩国高速铁路建设公司法》。该法第十九条规定了高速铁路建设的融资方式,主要包括政府或者非政府人员的捐赠、发行高速铁路建设债券的资金、资产经营收益、贷款(外国贷款和货物)和其他的收入。1992 年,韩国高速铁路建设公司(KHRC)成立,规划建设高速铁路。KHRC 位于首尔,沿线设有办事处和相关公司。首尔釜山线(庆州高速铁路)是韩国第一条高速铁路,1992 年开工建设。2004 年 1 月,庆州高速铁路一期工程竣工,韩国人权委员会解散,资产和职能转移到新成立的韩国铁路网管理局,也称为韩国铁路建设公司(KR)。KR 主要负责基础设施管理、新线路建设和现有线路改造,包括总部和 5 个地区总部。在铁路建设期间,KR 承担了建设任务,并在线路建成后交给韩国铁路运营公司(KORAIL)运营。2010 年,韩国公布了《国家铁路网建设计划》。根据该计划,韩国将在 2020 年之前斥资 795 亿美元建设一个可以在不到 1.5 h 内到达该国任何地方的高速铁路网络。

(2)投融资模式

韩国高速铁路(KTX)是完全公共部门的模式。除了极少量的私人贷款(约 2%)外,几乎所有的建设、融资和运营绩效风险都由公共部门承担(约 98%)。政府拓宽资金来源的措施主要有:

①改革税制,实行受益人负担原则。

②扩大国债发行规模,韩国政府以建设实际资金需求和人民实际能力为出发点,发行国债。

③通过扩大境外商业资金,利用国际金融市场为铁路建设筹集资金。

④吸引更多民间资本,通过发行股票、债券等方式吸引民间资本参与铁路建设。例如,作为韩国历史上最大的铁路投资项目,京釜高速铁路一期投资 127 377 亿韩元,其中政府承担 45%(其中,35%是政府财政补贴,10%是政府贷款),55%由韩国高速铁路建设公司(KHRC)提供(其中,24%来自国外借款,29%来自国内债券,2%来自私人投资)。京釜高速铁路的运输需求高于预期。开通后第三年累计客运量已达数亿,高速铁路客运收入成为铁路收入的主要来源。

4. 美国高速铁路投融资政策

美国的高速铁路总体规划始于 20 世纪 80 年代,但从未获得足够的支持。2009 年4 月,美国政府发布高速铁路战略计划,2009 年 6 月正式启动"高速客运铁路项目计划",资助高速铁路发展。2014 年 7 月,美国加利福尼亚州参议院批准了高速铁路项目一期工程的初步融资方案。该项目位于加利福尼亚州，以 350 km/h 的速度连接旧金山和洛杉矶，全程约需 2 h 40 min。2029 年建成后将成为美国第一个高速铁路项目，项目总造价 680 亿美元。资金将来自债券、联邦拨款、地方政府以及私营和私营公司，其中 200 亿美元来自私营部门，10 亿～150 亿美元来自碳排放限额与交易计划，90 亿美元来自政府债券，30 亿美元来自联邦政府。2015 年 1 月，加州高速铁路管理局在弗雷斯诺高铁车站举行了奠基仪式。

尽管美国的高速铁路建设与欧洲、日本、中国等国家和地区相比相对落后，但作为世界上第一个建设横跨大陆的"两洋铁路"的国家，美国的铁路里程仍居世界第一，铁路运输世界一流。

(1)政策扶持

美国铁路是在私人资本和政府支持下发展起来的，政府对铁路发展给予强有力的政策支持。在铁路发展初期，美国政府以土地出让、材料供应、资金投入、税收减免等大量优惠政策给予铁路大力支持。在美国铁路建设的鼎盛时期(19 世纪 80 年代—20 世纪 30 年代)，美国政府将其国民总收入的 12.7%左右用于铁路建设。美国拥有数百家独立的私营铁路公司，形成了世界上最大的统一网络，运行在成熟的市场机制下，受到政府的严格监管。在衰退和尴尬时期(20 世纪 30 年代—20 世纪 70 年代中期)，由于各种运输方式的快速发展，美国铁路在运输市场中的份额急剧下降，运营遭受多年损失。美国政府一方面放松监管，另一方面采取综合保护政策，确保铁路运输的财政平衡。20 世纪 70 年代中期以来，美国政府进行了多项改革以扭转运输业的困境。通过铁路复兴和管理改革，美国铁路有了一定的复苏。通过斯泰斯法案，市场竞争被视为对铁路运价和业务最有效的监管，对运价、业务和线路弃线进行了彻底改革，帮助美国铁路公司克服了经济困难，将美国铁路进入新的稳定期。

(2)投融资模式

美国的铁路大部分是私营企业，自负盈亏，大部分没有得到政府补贴。但在铁路建设初期，联邦政府制定了非常优惠的政策，为铁路建设提供多种形式的援助，有效调动了民间资本参与铁路建设的积极性。因此，地方政府和民营企业成为铁路建设的主要筹资者和承担者。美国铁路作为民营企业，没有得到政府的直接财政投资，铁路不得不通过其他融资渠道筹集基础设施建设、维护、设备采购等费用。美国铁路的主要融资方式包括：

①发行股票和债券融资。美国的Ⅰ类铁路都是可以通过发行、出售股票和债券来筹集资金的上市公司。

②贷款。美国政府虽然不直接投资铁路建设项目，但每年都会提供一定数额的贷款担保。铁路也可以从银行借钱作为抵押。

③租赁。铁路公司可以通过租赁设备来维持运营，特别是在不稳定的线路上，可以节省大量的设备购置资金，降低设备维护成本。

5. 中国高速铁路投融资模式

(1)政策扶持

2004 年，国务院通过了《中长期铁路网规划》，这是中国铁路史上第一个中长期发展规划，在 2008 年进行调整，2016 年又进行了修订，规划周期为 2016—2025 年，远景展望为 2030 年。2008 年，科技部与铁道部签署《中国高速列车自主创新联合行动计划》。高速铁路作为“十二五”重点发展的新兴产业，在资金投入、建设用地、科技创新和营商环境等方面给予更多支持。“十二五”期间，中国铁路固定资产投资 3.58 万亿元，新开通铁路 3.05 万 km。“十三五”期间，铁路投资继续保持增长势头，铁路固定资产投资分别完成 8 015 亿元、8 010 亿元、8 028 亿元、8 029 亿元和 7 819 亿元，合计达到 3.99 万亿元。截至 2020 年末，全国铁路营业里程由“十二五”末的 12.10 万 km 增加到 14.63 万 km，增长 20.9%；高速铁路由 1.98 万 km 增加到 3.79 万 km，翻了近一番。“四纵四横”高速铁路网提前建成，“八纵八横”高速铁路网加密成型；中西部地区铁路和城际铁路将是未来规划建设的重点。

(2)投融资模式

1949—1985 年计划经济体制下，铁路建设资金基本由国家财政拨付。1998 年以来，铁路融资方式发生了一系列变化。铁路融资方式呈现投资主体多元化和融资渠道多元化。总体来看，我国铁路建设以铁路建设资金和国内政策性贷款为主，国家财政预算资金、企事业单位自筹资金、地方政府资金为辅，使用少量外资，很少有社会资本参与。2013 年，国务院印发《关于改革铁路投融资体制加快铁路建设的意见》，提出按照“统筹兼顾、多元化发展”的基本思路，多方式多渠道筹集建设资金。具体来说，将城际铁路、城郊铁路、资源开发铁路、支线铁路的所有权和经营权下放，归地方政府和民间资本所有，鼓励民间资本投资铁路建设。研究设立铁路发展基金，由中央财政引导，招商引资。2016 年初，国家发展改革委发布通知，启动 8 个民营资本投资铁路领域示范项目，覆盖高速铁路、城际铁路和地方铁路，助力“最后一公里”的民间资本投资铁路建设。国家发展改革委在安排专项建设资金时，向示范项目倾斜。

6. 小结

立足于日本、中国等高速铁路技术成熟国家的发展情况，高速铁路的投资建设模式经历了从完全政府供给到部分私有化、私有化的变革，形成当前公私合作供给的主流模式。

高速铁路建设资金走势主要表现在：

(1)政府在高速铁路建设项目中发挥主导作用，承担主要投资责任(美国除外)。政府投资的比重一般在 30%以上，有的甚至超过 60%。

(2)越来越注重融资渠道的多元化。其中，资本市场是一个不容忽视的重要渠道。法国、日本和韩国修建的多条高速铁路都非常依赖借入资金。在韩国，贷款和债券占高速铁路建成的 63%。此外，鼓励民间资本参与，特别是通过项目特许经营(BOT)方式建设高速铁路项目。还将利用道路交通通行费设立综合交通投资基金，部分资金用于高速铁路建设，从可持续发展的角度实现交通资源的再配置。

(3)国际高速铁路项目公司普遍采用高资本比率、低负债资金比率的融资结构，避免负债资金比率过高，政府承担大部分累积债务。

7.2.2 投融资政策对高速铁路社会效益的影响

高速铁路投融资政策由于涉及大量的资金流转，以及相关的土地开发与利用，其产生的社会效益是复杂的，总的来说，包含正向与负向影响。

1. 正向的社会效益方面

日本新干线私有化后，日本政府正式确定新干线改造的建设成本由公司、国家和地方政府共同承担，并逐步提高地方政府的比例，从而极大地促进了铁路的建设，促进地方经济和国民经济的发展。根据欧洲发达国家高速铁路经济发展的经验，高速铁路对沿线城市发展的影响主要是促进城市发展，加快房地产和服务业的发展，吸引企业落户。据法国统计机构统计，高速铁路所连接的地方，商住中心发展显著，房价快速上涨。例如，里尔是法国北部最大的铁路枢纽，随着巴黎—里尔高速铁路的建成，里尔成功转型为以商务办公为主要功能的城市，为高速铁路沿线的非区域中心提供了典范。韩国高速铁路客运站周边建设的总体规律是以客运站为核心，逐步形成集交通枢纽、商业服务、娱乐休闲为一体的城市综合中心。例如，首尔新火车站高速铁路枢纽的开发规划模式采用紧凑、高强度的商业发展路径，充分利用火车站区交通可达性高的优势。客运站周围的商业和办公用途绝对占主导地位，从而最大限度地发挥土地价值。

目前，中国拥有世界上运营里程最长、运营速度最高的高速铁路网。高速铁路对我国经济社会发展产生了巨大的影响，带动了沿线周边地区的经济发展。京津城际铁路的运营，形成了京津之间的“0.5 h 交通圈”，实现了京津一体化。武广高速铁路连接珠三角“两湖”和三大城市群，形成武广都市带，带动区域城市发展，带来一大批粤商投资湖南、湖北。京沪高速铁路的建成通车，加快了环渤海和长三角两大经济圈之间的人流、物流、信息流和资金流的交流。此外，高速铁路改变了很多人的出行方式，催生了“快速漫游”旅游新模式。

2. 负向的社会影响方面

高速铁路投融资政策带来的主要负向影响主要表现为负债问题所引发的金融系统问题。随着我国高速铁路路网规模的不断扩大、高速列车运营数量的不断增长、高速铁路乘客吸引度的不断提升，我国高速铁路形成的现金流入日益丰沛，其形成的社会效益也日益凸显。但是，值得注意的是，我国高速铁路建设也导致了铁路负债规模的不断增长，有可能对铁路产业负债乃至金融系统形成某种程度的投融资风险。例如，随着“八纵八横”高速铁路网的不断建设，能够带来大量客流量和现金流收入的高速铁路数量就会减少，需要较长的客流培育期，并且在运营初期会有一定数量的高速铁路线路会处于亏损状态，需要国家层面、地方政府层面或中国铁路系统层面给予必要的补贴或补助才能实现投融资可持续发展。针对部分具有较强社会外部性的公益性高速铁路项目或高速铁路运营业务进行适当的补贴之外，还得积极进行投融资相关的政策创新，寻找和扩大其他收入来源，弥补高速铁路公司主营业务收入或现金流的不足，提升高速铁路公司的经济效益和财务健康水平。可备选的投融资相关的政策创新包括：对既有高速铁路系统进行某种水平的整合，实现盈利和亏损线路之间的网络协同效应和交叉补贴效应；对铁路产业系统进行某种水平的重组，提升高速铁路模块的盈利能力和还本付息能力；对高速铁路相关的资源、资产、资本进行综合开发，提升高速铁路非票务经营收入能力；对高速铁路建设投入和经营亏损部分，加大中央政府和地方政府承担的资本金比例和运营亏损补贴水平等。

7.3　高速铁路相关规划政策及其社会效益影响

7.3.1　规划政策

高速铁路以技术创新和高质量服务大大提升了自身的竞争力，迅速占领了运输市场的份额，改变了普速旅客列车在公众心中慢、脏、乱的形象，成为世界各国争相发展的新型运输方式。自日本于 1964 年开通运营东京—大阪的新干线以来，意大利、法国、德国、西班牙、韩国、中国等陆续开通本国的高速铁路，并出台一系列相关的规划政策促进高速铁路在本国的快速发展，其中成绩最为亮眼的当属中国。截至 2021 年底，中国高速铁路营业里程突破 4 万 km，位居世界第一。探讨高速铁路规划政策及其社会效益影响是在我们研究高速铁路时必须重视的一个问题，如相关的规划政策具体在哪些方面影响了社会效益，是正向影响还是负向影响，这对我们正确认识高速铁路在国民经济中的角色具有重要意义。

1. 日本

作为第一个开通高速铁路的国家，日本发展高速铁路有其特殊的原因。第二次世界大战后，日本经济迅速发展，原先基于险峻地形较多的国土特点修建的窄轨铁路的弊端越来越明显，无法满足列车高速行驶的要求，东海道本线的运输能力远不能满足日益增加的客货运输需求，再加上 1964 年夏季奥运会在东京举办，修建高速铁路必须提上日程。采用标准轨的新干线于 1964 年 10 月正式通车，最高时速达到 210 km，日本海外铁道技术协会的研究表明，东海道新干线在 1965—1971 年的年均客运增长率达到 16.7%，远高于同期既有线路 1%的年均客运增长率，大大促进了本州岛东南沿海的经济发展和社会效益的改善。基于这种高速铁路带来的经济社会促进效应，日本在 1970 年开始规划建设覆盖全国的高速铁路网络。1970 年 5 月，日本政府制定了《全国新干线铁道整备法》(以下简称《整备法》)，规划建设约 5 700 km 的基本线路，并决定尽快建设 2 222 km 的整备计划线路，致力于现代化的新干线建设。得益于《整备法》的整体规划，截至 2021 年 7 月，日本运营高速铁路达 3 041 km，一共有 9 条已通车运营的新干线线路，连接了日本所有的主要城市，一方面给东京和大阪这两个商业腹地带来了大量的劳动力，另一方面大城市的资本也得以流入沿线中小城市，新干线也促进了各个城市之间的文化与社会交流。

2. 法国

法国是继日本之后第二个实现高速铁路商业运行的国家，法国第一条高速铁路(TGV东南线)于1981年开通运营，最高时速达到270 km。相比于日本政府，法国更注重政府对高速铁路的投资与规划，投入了大量资金致力于高速路网的建设。TGV的规划注重新建路网与既有线路的兼容，并采取一系列措施减少列车运营的噪声，以减少其负外部性，增加社会效益。基于第一条线路开通的良好效果，法国又陆续规划建设了TGV大西洋线、北方线、东南延伸线、地中海线等，最终形成以巴黎为中心辐射全国的放射状高速铁路线网。这当然需要巨额的资金投入，法国之所以可以保持持续性的铁路建设资金，主要得益于1997年实行的路网分离改革。1997年以前，法国国营铁路公司(SNCF)进行投资，政府主要以补贴的形式进行支持。法国国营铁路公司1982年按照《国内运输指导法》中“铁路是公共服务机构，必须由国家百分之百控制”的规定，完全实现了国有化，开始了政企合一的管理模式。由于融资模式单一，以及政企合一带来的管理方面的低效率，至1997年法国国营铁路公司的债务已达到317.1亿欧元，无力再支撑巨额的投资。为了解决这个问题，法国政府1997年2月出台了《改革铁路运输业，成立“法国铁路网公司”公共机构的政令》，宣布对法国铁路实行重大改组，国家路网的建设改由法国路网公司(RFF)负责，但其并不承担主要的建设资金，而政府实际上成为高速铁路建设的主要投资者。得益于法国政府大规模建设高速铁路网的规划，RFF在2008年实现利润由负转正，SNCF也随着政府逐步放松《国内运输指导法》中的价格管制，可以实行更灵活的价格政策，稳步提高了自身的收入。

近年来，法国政府更关注高速铁路的可持续性发展，开始重视高速铁路建设中的环境问题。法国2011年版的《交通基础设施发展规划(Snit)》草案明确，到2030年，在公转铁方面，法国将完成100亿吨公里的货物周转量、25亿人公里的旅客周转量的转移，以及20亿人公里的旅客周转量从航空转移至铁路，由此实现每年减少温室气体排放200万t。

3. 德国

不同于法国的人口集中分布在巴黎、里昂周围，德国人口分布较为均匀，所以德国的高速铁路网呈格子形，没有形成强势的集中点。在1991年德国第一条高速铁路开通以前，德国主要以公路运输、轻铁路运输为主。1998年发布的《21世纪路网发展规划》指出，要建立快慢分离、客货混合的铁路网。2000年，德国交通部在年度交通报告中提出了综合化交通运输政策，即综合考虑经济、社会、生态三大要素。同时在交通网发展规划中明确要把短距离航空运输转移到高速铁路，大力发挥铁路在货运的联合运输中的作用。基于经济增长和社会进步拉动下的客运与货运的持续性增长，德国2003年发布的国家基础设施主要规划(BVWP)中着重强调了要实现交通运输网络化，使之成为一个综合化的交通系统。2016年发布的BVWP中明确了优先维护既有线路，并且41%的资金用于铁路建设。为了进一步促进铁路的发展，德国在2020年又发布了《铁路运输总体规划》，《铁路运输总体规划》指出到 2030 年，铁路客运量要增加一倍，要注重噪声控制和环境保护，还增加了定点服务，即所有长途列车每隔 30 min 或 1 h 就发出一班，从而提供更准时、高效、方便的服务，增加乘客和货主的社会效益。

4. 中国

中国高速铁路发展起步较晚，但是发展速度较快。1997 年 4 月—2004 年 4 月实施五次全国铁路大面积提速，最高时速由 140 km 提高到 200 km 以上。为了进一步适应日益增加的运输需求，2004 年，国务院通过了《中长期铁路网规划》，这是国务院批准的第一个行业规划，指导了铁路第六次大提速，部分有条件的路段实现了时速 250 km，时速 200 km 的铁路线达到 6 000 km 以上，直接加快了京津城际铁路的建设步伐。为了保障 2008 年北京奥运会的交通服务，并满足低碳、环保、高速、舒适等方面的需求，中国第一条时速 300 km 以上的高速铁路——京津城际铁路于 2008 年 8 月 1 日正式通车，其在奥运会期间发挥的良好运输效果，赢得了国内外的一致好评。2008 年 10 月，国家发展改革委通过了《中长期铁路网规划(2008 年调整)》，提出铁路网要扩大规模，在主要繁忙路段实现客货分离，规划了“四纵四横”的客运专线，以满足快速增长的客运需求，形成了我国现有高速铁路网的基本骨架。2016 年的《中长期铁路网规划》提出，在“四纵四横”高速铁路网的基础上，进一步优化区域布局，规划了以“八纵八横”主通道为骨架，城际线路与区域线路相互衔接的高速铁路网，并明确了新建线路原则上采用时速 250 km 以上的标准，进一步提高了中国高速铁路网的通达能力与时效能力。

7.3.2 规划政策对高速铁路社会效益的影响

我国的高速铁路虽然起步晚，但是发展速度惊人，这主要还得益于我们国家在各个阶段制定的相关规划政策。

1997 年 4 月—2001 年 10 月我国实行了四次铁路大提速，并增加了特快列车的班次，但是列车的平均时速还只有 60 km。同期日本的新干线 700 系电力动车组列车最高运营时速已达到 285 km，而且内部更宽敞舒适，更符合人们出行的需求，因此设计这种高速度、舒适性高的新型列车已经迫在眉睫。我国于 2003 年 2 月发布了《京沪高速铁路设计暂行规定》，这为我国高速铁路的发展奠定了重要的设计基础。2004 年国务院又批准了《中长期铁路网规划》，提出建设“四纵四横”高速铁路网，在此规划的指导下，我国于 2007 年首次大规模开行时速 200 km 以上的列车，开始跨入高铁时代。截至 2013 年底，高速铁路运营里程突破 1 万 km，占世界高速铁路运营里程的 45%。高速铁路的快速发展，为我国经济的发展注入了强大的动力，使得人们的出行时间大大缩短。“高铁＋旅游”等新发展模式也为许多城市提供了新的发展路径，促进了当地的经济发展，同时人们可选择的出行方式与开车频率得到了改善，普遍提高了乘客的社会效益。

经济发展与高速铁路的发展是一种相互促进的关系，经济的快速发展需要频繁的交流与交易，从而催生出大量的出行需求。随着人们生活水平的改善，人们对出行质量的要求也越来越高，建立更标准化的大量高速铁路网开始提上日程。2015 年，我国第一部正式的铁路行业设计标准《高速铁路设计规范》正式实施，为后续的高速铁路建设提供了依据。2016 年，国家发改委主持修编的《中长期铁路网规划》开始实施，提出要在“四纵四横”的基础上建设“八纵八横”的高速铁路网，路网通达性显著提高。

2004 年版的《中长期铁路网规划》实施以来，我国高速铁路取得了快速的发展，并在运输市场中发挥了极其重要的作用，更是成为我国对外形象的一部分，产生了“高铁外交”的佳话。随着高速铁路覆盖越来越多的城市，极大地改善了西南、西北等落后地区的交通条件，为许多地区带来了新的发展模式，促进了当地的经济发展。高速铁路的最大作用之一就是促进了客流增长，2018 年高速铁路旅客发送量首次超过普速铁路，意味着大部分乘客更倾向乘坐高速列车出行。乘坐高速列车出行更舒适便捷，旅途时间更短，更能满足商业化出行需求，从而促进区域的经济协作和技术知识交流。

在新时代高速铁路的意义更多地体现在其社会效益影响，随着社会主要矛盾的转移，铁路行业自然也要紧跟发展趋势。人们更加渴望美好的出行体验，更加注重运输服务的幸福感、获得感、安全感和体验感。具备以上优点的高速铁路已经成为人们中短距离甚至长距离出行的首选出行方式，但是高速铁路最终的社会效益要综合高速铁路的开行频率、价格以及与其他运输方式的竞合关系后确定，因此相关的规划政策将决定上述结果，从而对高速铁路社会效益产生影响。

7.4 高速铁路相关土地政策及其社会效益影响

土地利用政策是指为充分实现国家土地资源的合理、有效利用，根据法律法规制定的有关城市或农村土地利用在政治、经济、社会和法律各方面的制度的总称，有学者把土地利用政策分类概述为土地利用规划政策、土地利用保护政策、土地利用管制政策。本节将以高速铁路为视角，探究与高速铁路发展相关的土地政策以及对高速铁路社会效益的影响。

7.4.1 土地政策

1. 国务院《关于改革铁路投融资体制加快推进铁路建设的意见》

高速铁路的快速建设，离不开国家土地政策的支持。《国家新型城镇化规划（2014—2020）》明确提出，到 2020 年，普速铁路网覆盖 20 万以上人口城市，快速铁路网基本覆盖 50 万以上人口城市。要实现这样的目标，除了技术、经济方面的基础之外，2013 年国务院发布了《关于改革铁路投融资体制加快推进铁路建设的意见》。其主要包括以下六个方面：

(1)推进铁路投融资体制改革,多方式多渠道筹集建设资金

按照“统筹规划、多元投资、市场运作、政策配套”的基本思路,完善铁路发展规划,全面开放铁路建设市场,对新建铁路实行分类投资建设。向地方政府和社会资本放开城际铁路、市域(郊)铁路、资源开发性铁路和支线铁路的所有权、经营权,鼓励社会资本投资建设铁路。研究设立铁路发展基金,以中央财政性资金为引导,吸引社会法人投入。铁路发展基金主要投资国家规定的项目,社会法人不直接参与铁路建设、经营,但保证其获取稳定合理回报。

(2)不断完善铁路运价机制,稳步理顺铁路价格关系

坚持铁路运价改革市场化取向,按照铁路与公路保持合理比价关系的原则制定国铁货运价格,分步理顺价格水平,并建立铁路货运价格随公路货运价格变化的动态调整机制。创造条件,将铁路货运价格由政府定价改为政府指导价,增加运价弹性。

(3)建立铁路公益性、政策性运输补贴的制度安排,为社会资本进入铁路创造条件

对于铁路承担的学生、伤残军人、涉农物资和紧急救援等公益性运输任务,以及青藏线、南疆线等有关公益性铁路的经营亏损,要建立健全核算制度,形成合理的补贴机制。在理顺铁路运价、建立公益性运输核算制度之前,为解决铁路建设项目资本金不足、利息负担重等问题,考虑到铁路运输公益性因素,中央财政将对铁路实行过渡性补贴。

(4)加大力度盘活铁路用地资源,鼓励土地综合开发利用

支持铁路车站及线路用地综合开发。按照土地利用总体规划和城市规划统筹安排铁路车站及线路周边用地,适度提高开发建设强度。创新节地技术,鼓励对现有铁路建设用地的地上、地下空间进行综合开发。符合划拨用地目录的建设用地使用权可继续划拨;开发利用授权经营土地需要改变土地用途或向铁路企业以外的单位、个人转让的,应当依法办理出让手续。地方政府要支持铁路企业进行车站及线路用地一体规划,按照市场化、集约化原则实施综合开发,以开发收益支持铁路发展。

(5)强化企业经营管理,努力提高资产收益水平

铁路企业要坚持企业化、市场化运作,推进现代企业制度建设,改善经营、增收节支,依托干线铁路陆续开通、运力大幅增长等有利条件,千方百计扩大市场份额,依托运输主业开展物流等增值服务。建立完善成本核算体系、绩效考核体系,有效控制建设和运营成本,提高经营效益。要在抓紧清理资产的基础上,全面开展资产评估工作,摸清底数,盘活存量,优化增量,增强企业自我发展能力。要抓紧实现建设项目投产运行,做好站点设施和运营设备的配套,充分发挥铁路网络整体效益,提高增量资产收益。

(6)加快项目前期工作,形成铁路建设合力

铁路建设项目的主要责任部门要加强组织领导,密切协调配合,加大工作力度,切实做好建设方案、资金筹措和社会稳定风险分析等前期工作。铁路企业要会同有关部门加强施工监管和运营管理,确保工程质量和运行安全。发展改革、自然资源、生态环境等部门要加

强沟通协调，建立联动机制，加快项目审核。银行等金融机构要根据自身承受能力继续积极支持铁路重点项目建设。

《关于改革铁路投融资体制加快推进铁路建设的意见》的重点在于，支持铁路车站及线路用地综合开发，授权铁路企业依法盘活利用其原铁路生产经营性划拨土地。这是因为我国高速铁路的建设任务十分繁重，且一直以来面临着铁路建设部门的融资能力较低、社会资本投资铁路的方式单一、地方财力支持能力有限等问题，这就导致了铁路企业长期以来的高负债以及融资平台的高成本与高压力的情况。

《关于改革铁路投融资体制加快推进铁路建设的意见》正是进一步拓宽了社会资本投资铁路的渠道，一方面，为盘活铁路企业大量存量资产，缓解融资和债务压力，支持铁路企业采用股权转让、股权置换、资产并购、重组改制等方式，资本运营模式吸引社会资本；另一方面，拓宽铁路发展资金分配渠道，支持设立专项信托计划和公募基金产品募集资金。通过上述方式，社会资本不仅可以通过直接投资参与铁路建设和运营，还可以选择不直接参与铁路建设和运营的资本运营模式。投资渠道更广，方式更多样，更有利于促进铁路建设的可持续发展。

国际上，火车站及邻近地区的综合开发，可以从车站周边的物业收入中弥补铁路建设资金的不足，有成功经验可循。《关于改革铁路投融资体制加快推进铁路建设的意见》的发布旨在鼓励火车站及邻近地区综合开发，从土地利用政策上支持铁路企业可持续发展，盘活铁路土地资源，通过土地养护实现铁路建设和城镇化的良性发展。

2. 国务院《关于支持铁路建设实施土地综合开发的意见》

国务院办公厅于 2014 年 7 月印发了《关于支持铁路建设实施土地综合开发的意见》。其要点主要包括以下几个方面：

(1)存量划拨用地改变用途可以协议出让，铁路部门获得改变用途后的增值收益

铁路运输企业依法取得的划拨用地，因转让或改变用途不再符合《划拨用地目录》的，可依法采取协议方式办理用地手续。铁路系统拥有大量土地，除了线路、站点使用外，还包括生产和管理用地、员工生活居住用地、后勤保障用地等。这部分存量土地今后可在符合规划的前提下改为商业、住宅等经营性用途使用。此次对铁路用地与一般的存量建设用地再开发相比，给予了更为优惠的政策。即《划拨用地目录》以外的用地，都可以协议出让，不受《招拍挂出让国有土地使用权规范》的限制。

(2)支持成片综合开发

支持铁路运输企业利用自有土地、平等协商收购相邻土地、依法取得政府供应土地或与其他市场主体合作，对既有铁路站场地区进行综合开发。《关于支持铁路建设实施土地综合开发意见》不但提出成片开发，还允许综合开发，是对铁路存量建设用地再开发的极大促进。

(3)捆绑招标及地价优惠

采用市场化方式供应综合开发用地。新建铁路项目未确定投资主体的，可在项目招标

时，将土地综合开发权一并招标，新建铁路项目中标人同时取得土地综合开发权，相应用地可按开发分期约定一次或分期提供，供地价格按出让时的市场价确定。可见国家对铁路用地综合开发的支持力度，远大于一般的存量建设用地。

（4）设置空间权，多用途分层出让

利用铁路用地进行地上、地下空间开发的，在符合规划的前提下，可兼容一定比例其他功能，并可分层设立建设用地使用权。分层设立的建设用地使用权，符合《划拨用地目录》的，可按划拨方式办理用地手续；不符合《划拨用地目录》的，可按协议方式办理有偿用地手续。这样使各种土地功能之间能够互相加强，减少重复建设，节约了建设成本，同时也增加了土地收益。实践中需要进一步探索地上地下空间权的内涵、性质、供地方式、登记办法等，为地方提供依据。

（5）边界和规模控制

地方政府应按照新建铁路站场地区土地综合开发的基本要求，综合考虑建设用地供给能力、市场容纳能力、铁路建设投融资规模等因素，依据土地利用总体规划和城市、城镇规划，合理划定综合开发用地边界。

（6）用地指标单列

铁路建设综合开发所需土地，需要新增建设用地指标的，由主管部门单列。这是从国家层面上推动铁路用地综合开发，使之不受地方指标稀缺的限制。

整体而言，《关于支持铁路建设实施土地综合开发意见》从改善铁路投融资体制、加快铁路建设、实施铁路用地及站场毗邻区域土地综合开发利用政策等角度出发，全力促进未来铁路发展建设与新型城镇化的同步可持续发展，为铁路土地的综合经营开发指明了方向，营造了良好的政策环境。

除了以上两个文件之外，我国其他的土地政策对铁路的影响也是深远的。王昕对近年国家出台的相关文件进行解读、研究，指出为加大对既有铁路用地的盘活力度，铁路企业土地综合开发部门应首先做好对国家、各省市出台的土地有关政策和措施的深入研究，少走弯路、规避风险、依法合规地提高土地开发质量和效益，并结合实例证明加强政策的深入研究对盘活既有铁路用地的重要性。

在我国有关铁路建设的土地政策的影响之下，一些地方政府也相继推出了高速铁路建设的相关土地政策。例如，承载着重要线路——京广高速铁路的广东省，于2018年出台了《关于支持铁路建设推进土地综合开发的若干政策措施》，对《关于支持铁路建设实施土地综合开发意见》进行了省内有效推进。《关于支持铁路建设推进土地综合开发的若干政策措施》就推进铁路项目站场及毗邻区域土地综合开发提出一系列要求。《关于支持铁路建设推进土地综合开发的若干政策措施》规定，新建铁路项目已确定投资主体但尚未确定土地综合开发权的，如果用地符合《划拨用地目录》，则可按划拨方式供应土地；若不符合，则必须采用招标拍卖挂方式供应。很好地结合了广东省的实际情况，对铁路用地的政策进行了实践。

7.4.2 土地政策对高速铁路社会效益的影响

土地政策对高速铁路建设的影响是关键的，与此同时土地政策对于盘活土地、增强融资都具有重要意义。

2014 年《关于支持铁路建设实施土地综合开发的意见》发布后，为我国铁路的快速发展指明了方向。例如，给铁路行业在铁路工程建设中，赋予了实施土地综合开发向地方政府征用土地的有利政策。这样一来，铁路行业就可以根据新建铁路项目，结合铁路沿线车站的设置位置和站房面积及周边需要配套的设施来征用土地，论证进行综合开发的可能性和合理性，从而有效地实现铁路周边土地的综合有效开发。

但土地政策要真正实现社会效益，在实施过程中也存在一定的难度。有学者在分析施行进度缓慢原因的基础上，论述如何创造条件开展铁路建设的土地综合开发工作，并提出铁路建设实施土地综合开发应与地方规划相结合，做好铁路建设基础工作，促进铁路发展的相关措施。蔡红娟则从土地利用政策的角度详细地指出了当下土地政策实施过程中存在的各种问题，如湖南省的郴州高铁车站于 2008 年修建，站点地区参照《郴州市城市总体规划(2005—2020 年)》进行规划开发。但是 2005 版的城市规划只是 1995 年版(1995—2015 年)城市规划的简单扩展，无较大变化，没有对高铁车站的具体位置和客站地区进行补充研究，导致郴州高铁车站点地区在城市总体规划用地范围之外。

整体而言，土地政策既影响了用地的综合利用，同时也对乘客的效益造成了影响，大大增加了从高铁车站到城市的时空距离，这对于消费者而言产生一定的效益损失。因此，当下的高速铁路相关土地政策虽然在方向上具有较好的指引能力，但是如何将其更有效地在全国各省市进行推进，则是决定政策是否能带来正社会效益的关键。

参 考 文 献

[1] 王小红.日本高速铁路投融资模式研究[J].铁道经济研究，2007(2)：38-43.

[2] 梁晓红，谭克虎.韩国发展高铁的做法及经验[J].经济问题探索，2014(8)：8-13.

[3] 何军，王烈.国外高速铁路投融资模式及启示[J].铁道运输与经济，2010，32(7)：62-65.

[4] 殷红军，郭菊娥，赵新文.我国高铁盈利能力分析及投融资模式选择与优化[J].华东经济管理，2012，26(2)：74-78.

[5] 周波.我国高铁建设融资模式再探索[J].建筑经济，2012(6)：16-19.

[6] 李红昌，林晓言，陈娟.日本新干线建设管理体制及其对我国的启示[J].数量经济技术经济研究，2002(1)：122-125.

[7] 张超，谭克虎.法国政府对高速铁路支持政策研究及启示[J].铁道经济研究，2014(4)：36-42.

[8] 陈翀，谭克虎.法国铁路转换经营机制及多元化经营问题研究[J].经济问题探索，2014(2)：131-136.

[9] 周丰，孙洪涛. 新时代背景下中长期规划高速铁路网适应性探讨[J]. 铁道标准设计，2019，63(11)：30-34.

[10] 蔡红娟. 高铁站点周边地区土地利用政策研究[D]. 湘潭：湘潭大学，2016.

[11] 王昕. 土地相关政策研究对盘活既有铁路用地重要性的思考[J]. 中国铁路，2018(1)：41-44.

[12] 罗源. 对铁路建设实施土地综合开发的思考[J]. 铁路工程造价管理，2015，30(3)：54-56.

第8章 研究结论与展望

本章对全书进行了概括总结，对主要研究结论、研究成果进行归纳总结，并对研究成果的局限性和未来研究的主要方向进行了展望。从主要研究结论和研究成果来看，本书涉及七个主要的研究模块或研究视角：一是世界高速铁路发展过程视角，对高速铁路社会效益的研究以及高速铁路社会效益的重要性进行分析；二是国内外学者们有关高速铁路社会效益的理论研究视角，对高速铁路理论研究前沿进行分析；三是高速铁路对社会效益影响视角，包括高速铁路社会效益影响的总体分析、直接分析、间接分析以及传导机制分析；四是国内外高速铁路社会效益案例分析视角，总结了高速铁路对产业发展的乘数效应、集聚效应等；五是高速铁路社会效益的模型视角，包括高速铁路对政治、经济、技术、社会、交通五个方面的模型性分析；六是高速铁路社会效益的调查分析视角，通过调查问卷的方式获取数据，在检验所得数据通过信度与效度检验的情况下，构建了多期离散选择模型进行了实证分析；七是高速铁路社会效益的政策视角，对我国高速铁路的快速发展相关国家政策进行了分析。

8.1 研究结论

基于本书内容，我们的主要研究结论如下：

1. 高速铁路带来的社会效益不断影响着人们的生产生活活动，这既包括乘客个人效益，也包括货主的交通物流效益，同时也衍生了更广泛意义上的区域和国家层面上的社会效益。运输经济学理论认为，交通运输社会效益是由乘客的个人效益加总得来的，而乘客的个人效益包括多个元素，如基本位移、舒适度、安全性等。高速铁路在运输乘客时，缩短了乘客的运输时间，大大提高了乘客的个人效益，然而运输价格的提高会相应地减少乘客的个人效益。调整铁路在运输货物(如高铁快运)时，缩短了货物运输时间，适应了现代交通物流时效性要求高的时代特征，大大提高了交通物流的时间价值。高速铁路社会效益关系社会公平，对运输经济学有着重要影响，所以研究高速铁路的社会效益至关重要。有效地研究高速铁路、社会效益、公平与效率以及时空经济之间的关系，是明确高速铁路社会效益的重要基础。

2. 高速铁路社会效益的总体影响主要体现在时空转换能力、旅客时间价值和旅客效用水平三个方面。时空转换能力是在约束条件下行为主体通过努力改变原有时间距离以实现既定目标的能力，它是典型的时空协调能力。高速铁路从根本上改变了旅客、货主和其他利益相关者的时空协调能力，促进了人员及交通网络交通物流、资本、技术等生产要素的流动和集聚，这是高速铁路社会效益产生的基本条件。同时，高速铁路通过提供异质性的完整运输产品(Complete Transport Product)及服务，从而对旅客时间价值和旅客效用水平起到提升作用，这是高速铁路社会效益产生的基本路径。

3. 高速铁路对社会效益直接影响包括高速铁路对民航、普速铁路、长途大巴、私家车和网约车的社会效益影响等方面。总的来说，高速铁路是通过影响人们出行的供需匹配进而影响其社会效益的。从供给侧来看，高速铁路的开通使得人们面临一个在出行时间、出行成本、出行体验等方面不同于以往的运输方式，扩大了人们出行可选集。其他运输方式也会对高速铁路的进入做出策略性反应，以适应高速铁路的竞争，最终结果是市场结构的改变以及各种运输方式之间的新均衡状态。从需求侧来看，高速铁路所提供的准时、舒适、安全、便捷的运输服务可能会改变人们的异质性出行偏好，高速铁路提高了城市间可达性，加速了人员、技术、知识、资本等生产要素的流动，使城市之间的经济交流更频繁，也使得乘客更偏好方便快捷的高速铁路出行，从而改变了运输市场的需求结构及社会需求结构特征，这是民航、普速铁路、长途大巴、私家车和网约车以及交通运输系统受到高速铁路影响的重要原因。

4. 高速铁路会对碳排放及网络性产生间接影响。高速铁路的出现会产生两种不同的碳排放效果：一方面，高速铁路会提高可达性和提高高速铁路运输产品的市场竞争力，把民航旅客转移到高速铁路上，或者通过释放既有普速铁路货运能力把公路交通物流需求转到铁路上面来，从而减少交通运输系统的碳排放总量；另一方面，高速铁路的出现也会诱发新的客流需求，即使不增加新的诱发客流需求，高速铁路高速度带来的高能耗也会增加由普速铁路或其他低碳排放交通方式的转移运量的碳排放。网络效应是指网络价值随着网络规模的增加而增加的经济社会效应。我国高速铁路的不断发展形成了庞大的高速铁路网络，从而也会产生高速铁路的网络效应，即高速铁路使得乘客规模得以增加，使得高速铁路快运得以形成，使得高速铁路频率得以提升，使得高速铁路出行便捷度得以改善，相应的出行时间价值及交通物流价值、旅客效用水平及社会效益水平均会得以改善。

5. 高速铁路社会效益的传导机制可分为溢出效应传导机制、技术创新传导机制和城市集聚传导机制。从溢出效应传导机制来看，一方面，高速铁路促进了沿线区域经济活动的集聚与扩散，高速铁路网络覆盖区域越来越广，不同区域间被连成一个整体，进一步加深了区域间经济活动联系，扩大了产业的边界与辐射范围，其形成的溢出效应提高了生产者剩余。另一方面，高速铁路的速度优势能够节省商品和旅客在运输旅途中的时间，产生空间收敛效应。这意味着整体交通系统及社会经济系统的时空成本的普遍下降。由于高速铁路对整个运输行业的成本与价格产生影响，降低了消费者所需支付的经济成本，在流动上为消费者缩短了运输时间，降低了时空成本，提高了消费者时间价值和消费者效用，其形成的溢出效应提高了消费者剩余。从技术创新传导机制来看，在地理空间上，高速铁路的建设实现了空间可达性的提升，通过人才集聚与知识溢出作用，知识可达性在高速铁路发展过程中也得到了大幅提升，从而有力促进了技术创新。从城市集聚传导机制来看，城市经济的集聚是城市在时空上所呈现出来的一种经济和地理形态。而交通运输成本则是影响城市集聚水平最核心的影响因素之一。高速铁路大幅缩短了城市之间的时空距离，提高了沿线城市之间的空间可达性，吸引更多的生产要素和生产及交易活动在城市集聚，并决定了核心-边缘城市经济分工的时空分布结构中社会整体的社会效益水平。

6. 高速铁路社会效益可通过政治、经济、技术、社会、交通五个方面得以体现。在政治影响方面，我国高速铁路项目面临着发展环境、建设风险、竞争优势等多种不确定性因素，我国高速铁路在“走出去”过程中，需要关注和降低政治风险，把社会效益向国际层面进行溢出。在经济影响方面，高速铁路既要关注建设成本、运营成本、换乘成本等综合成本最小化问题，也需要更加关注区域社会效益、国家社会效益、国际社会效益及其净效益最大化问题。在技术影响方面，技术创新与高速铁路的网络化发展是一种相互促进的关系，主要通过技术人才和技术知识的流动而产生了技术创新。在社会影响方面，高速铁路促进了地区通达度的提升，高速铁路促进了就业率增加和旅行时间的节约，高速铁路促进了运输结构优化与人口资源空间流动，高速铁路促进了资源节约和生态保护等。在交通影响方面，高速铁路与民航、普速铁路、公路、城市交通等运输方式之间的竞争与合作关系会产生变化，从而引起社会效益整体性和局部性的增减变化。

7. 高速铁路网络不仅实现了交通效率和质量的提升，更对工业、农业、服务业和新型产业发展带来了巨大机遇和促进作用。在高速铁路以更高速度和更高质量交通服务赋能相关生产要素，可以产生高速铁路的加速效应和乘数效应。高速铁路产生了多重经济社会效益，高速铁路触发了交通系统优化，高速铁路对经济社会时空结构进行了塑造，催生了“高铁经济学”理论的诞生和发展，促进了国内外高速铁路发展经验的总结梳理，加快了基于大数据和调查分析的高速铁路社会效益的实证研究，也促使高速铁路有关的交通政策、投融资政策、规划政策、土地政策等的创新发展。

8.2 研究成果的局限性

以我国为典型代表的高速铁路的快速发展，不仅缩短了时空距离，提升了交通运输系统的时空转换能力，而且还带来了显著的直接或间接的社会效益。高速铁路沿线城市包括工商业发达、人口密集、发展潜力大的特大型、大中型城市，高速铁路开通使得沿线城市之间的连接更加紧密，相互之间的商业贸易活动、科技和人文交流、知识交往更加频繁，有效带动城市发展，助力我国经济社会繁荣发展。本书重点研究了高速铁路发展的国内外经验，梳理了国内外有关高速铁路经济社会效益的研究成果，基于时空经济特色视角分析了高速铁路带来的直接和间接社会效益，从政治、经济、技术、社会、交通等维度进行了高速铁路社会效益的定性和定量分析，概括了促进高速铁路社会效益发挥的相关政策。但本研究成果还存在一定的局限性，主要体现在以下几个方面：

1. 较少分析政府高速铁路竞争政策对社会效益影响。政府对高速铁路采用PPP、BOT、开放路权等竞争性政策，会对高速铁路产生差异化的影响，不仅会对营利性高速铁路线路的营利能力产生影响，也会波及非营利性高速铁路线路的亏损补贴，从而会对公共补贴及社会效益产生影响，这需要在后续研究中进一步深化分析。

2. 较少分析高速铁路基础设施、交通拥堵和时间延误等相关问题对社会效益的影响。其中，高速铁路基础设施路网使用费、接入定价等，会对高速铁路社会效益产生影响；机场交通拥堵、公路交通拥堵以及城市交通拥堵等，会由于不同交通方式与高速铁路的竞争合作关系产生变化，从而对社会效益产生影响；高速铁路是交通运输系统的重要有机组成部分，旅客出行时间延误、货物交通物流时间延误等，会影响到包括高速铁路在内的铁路系统及交通系统的运行效率，从而对社会效益产生影响，这需要在后续研究中进一步深化分析。

3. 量化分析高速铁路社会效益有待进一步强化。对于高速铁路产生的各种类型的直接和间接社会效益，需要进行详细的量化分析，如果能对其影响范围、影响广度、影响深度等进行更丰富的量化分析，运用大数据等手段进行分析和研究，则有关高速铁路社会效益的分析将更具说服力，相关高速铁路政策建议也将更具建设性，这需要在后续研究中进一步深化分析。

4. 国内外高速铁路相关案例和政策分析有待进一步强化。一方面，本书针对日本、德国、法国和西班牙等国家的高速铁路案例进行了分析，但仍有一些发达国家和发展中国家的高速铁路案例没有进行深入剖析。另一方面，国内外高速铁路发展的相关政策是一项系统工作，包括立法、规章、制度、技术规程等内容，需要对不同国家或地区的高速铁路相关政策进行更加系统和深入的研究，这需要在后续研究中进一步深化分析。

8.3 未来研究的主要方向

本书基于时空理论、案例分析、模型归纳、问卷分析等维度，将高速铁路对社会效益的影响进行了深入的研究。本书所构建的方法体系对未来的高速铁路社会效益研究具有一定指导意义。未来可以着重从以下几个方面对高速铁路社会效益进行研究。

1. 本书主要分析了高速铁路对社会效益的影响，除部分采用实证研究方法外，更多的是采用定性的分析，因此采用定量方法来验证定性的结论是未来研究可持续发展的方向。不同于高速铁路的经济效益影响，可以采用收入指数、GDP等现有易获得数据进行分析，高速铁路的社会效益的数据更难获得且数据更为不规则。这需要对现有的定量方法进行改造更新,以构建出适合实证分析高速铁路社会效益的计量模型。

2. 本书在分析高速铁路的社会效益时,也考虑国家相关政策以及与其他运输方式的竞合关系,这更有利于结论的有效性。但是随着我国高速铁路的快速发展,其运输能力得到充分释放,再建设高速铁路的边际效益会逐渐递减,国家有关部门有放缓高速铁路建设的迹象,未来的研究也应该关注到这一点。

3. 本书从高速铁路相关交通政策、投融资政策、规划政策、土地政策对高速铁路社会效益的影响进行了定性的分析。未来的研究,首先,可以进一步加强高速铁路相关政策社会效益的计量研究。构建一定的社会效益评价指标以及评价体系,从实证与规范两个角度对高速铁路相关政策的社会效益进行评价与研究。其次,关注政策的长期效益,及时跟进各种高速铁路相关政策的最新成果与问题,分时期、分城市、分区域对国家向高速铁路建设的政策进行分析,同时关注土地、资金、税收减免等各项配套措施是否合适恰当。最后,加入对人才政策、创新协同与高速铁路相关政策的结合。现在大力倡导的工业 4.0、互联网+、新基建等都离不开创新,高速铁路要进一步发展,产生更优的社会效益,离不开对创新的重视,创新是高速铁路高水平发展的重要驱动力。

4. 关于旅客时间价值的研究,已应用于民航、高速铁路、普速铁路及公路定价,未来在体系化、研究深度和广度方面还有可以提升的空间。高速铁路的出现无疑对民航客运、公路客运造成了很大的影响,很多理论都分析了它们之间的竞争,但是也可以促使其进行合作。空铁联运就是一种十分有效的方法,来避免高速铁路与民航的直接竞争,以此类推到普速旅客列车及长途大巴,从而建立更为完善的交通运输体系,提高乘客的效益。未来需要进一步提升交通运输定价方面的理论水平,进一步探讨服务水平、安全舒适度、乘客收入等因素对旅客时间价值的影响,为提高乘客福利及社会效益提供理论支持。

5. 新型基建与高速铁路相结合,进而提升社会效益,有着很大的研究空间。七大"新基建"领域为 5G、特高压、城际高速铁路和城际轨道交通、新能源汽车充电桩、大数据中心、人工智能、工业互联网。新基建遍布了诸多产业链,可以运用在铁路运输发展的很多方面,可以对运输结构体系进一步优化,对运输安全生产进一步加强。例如,5G 是目前在通信服务领域中最先进代表,通过加速线路站点列车等的 5G 全覆盖,面向未来依托其数据速率高、延迟低、能耗少、成本低、系统容量高以及设备连接规模大等优势,推动高速铁路的智能化、信息化以及科技化,将使我国的高速铁路的创新发展能力大幅提升,完成行业领先发展,更好地为我国经济社会发展服务。但由于新型基建尚处于提倡与发展阶段,相关的数据和成绩比较少,但不可否认,这一领域和高速铁路的碰撞与结合,值得我们跟进。

6. 高速铁路的定价问题,也与社会效益息息相关,可以进一步深入分析。无论是案例性分析,亦或是定量模型分析,都有其理论意义与价值。高速铁路定价问题是最直接与高速铁路公司以及旅客密切关联的。我国高速铁路定价相比其他国家,定价处于什么水平?这样的定价下对社会效益会产生怎样一系列的影响呢?本书虽然并未在此方面运用很多篇幅进行分析或是总结，但我们不否认定价问题是评估高速铁路社会效益影响的重要一环，未来有很大的研究空间。

7. 高速铁路服务改善了城市间的交通条件，缩短了城市间的出行时间，对短期人口流动具有显著的正向影响，对长期人口流动具有一定的负向影响。换句话说，人们可能会选择高速铁路日常通勤，而不是通过高速铁路迁移到大城市。高速铁路服务对人口城镇化的影响为负，但不显著，说明有高速铁路服务的城市人口城镇化速度可能低于没有高速铁路服务的城市。当前，中国城市化正逐步向以城市群为主要形式的新阶段发展。高速铁路作为重要的交通基础设施，以其大规模、高效的交通便利，促进了城市间人口和资源的流动，促进了人口流动的自由化。高速铁路还优化了产业结构，促进了产业的科学分工和城市功能定位的分化，提高了城镇化质量。因此，高速铁路服务对于实现城市群内城市间的协调发展起着至关重要的作用。未来，根据国家《2021—2050年铁路网规划方案》和各省市区"十四五"铁路规划方案，将建设更加密集的高速铁路网络。因此，大多数城市将被连接起来，城市一体化将得到加强。政府应重视高速铁路建设，以满足人口流动的要求，建设更全面的高速铁路网络，有效提高高速铁路社会效益，从而协调新型城镇化的发展。随着我国经济社会的快速发展，城镇化、工业化、运输化水平不断提升，相关问题需要进一步深入研究。

参考文献

[1] 南敬林. 京沪通道旅客行为时间价值研究[J]. 铁道经济研究，2002(3)：36-38.

[2] 常建新，刘瑞. 高铁开通对地区经济差距的影响：基于可达性改善的视角[J]. 湖北经济学院学报，2019，17(6)：37-46.

[3] 杜兴强，彭妙薇. 高铁开通会促进企业高级人才的流动吗？[J]. 经济管理，2017，39(12)：89-107.

[4] YAN Y Q，ZHANG H Q，YE B H. Assessing the impacts of the high-speed train on tourism demand in China[J]. Tourism economics，2014，20(1)：157-169.

[5] WU J，NASH C，DONG W. Is high speed rail an appropriate solution to China's rail capacity problems?[J]. Journal of transport geography，2014，40.

[6] ZHANG A，WAN Y，YANG H. Impacts of high-speed rail on airlines，airports and regional economies：a survey of recent research[J]. Transport policy，2019，81：A1-A19.

[7] WANG F，WEI X，LIU J，et al. Impact of high-speed rail on population mobility and urbanisation：a case study on Yangtze River Delta urban agglomeration，China[J]. Transportation research Part A：Policy and practice，2019，127：99-114.

附录 A　高速铁路对乘客社会福利的影响调查问卷

您好！非常感谢您的参与。本次调查基于高速铁路建成后对乘客出行的影响进行研究。在填问卷时，按照您对这些问题的真实看法填写问卷，该问卷仅用于学术研究，我们会对您的所有信息进行保密。谢谢您的配合！

1. 您是否乘坐过高速铁路？[单选题]

○是　　○否

2. 您的性别？[单选题]

○男　　○女

3. 您的年龄是？[单选题]

○18 岁及以下　　○19～25 岁　　○26～30 岁

○31～40 岁　　○41～50 岁　　○51 岁及以上

4. 请问您的月收入是？[单选题]

○2 000 元及以下　　○2 001～4 000 元　　○4 001～6 000 元

○6 001～8 000 元　　○8 001～15 000 元　　○15 001 元及以上

5. 您的职业是？[单选题]

○学生　　○公务员　　○企事业单位管理人员

○企事业单位普通职员　　○个体户　　○自由职业者

○退休人员

6. 您过去一年乘高速铁路出行的频次是？[单选题]

○1～4 次　　○5～10 次

○11～15 次　　○15 次以上

7. 您出行的主要目的是？[单选题]

○公务/商务　　○旅游/休闲　　○探亲访友

○返工/返乡　　○上学/陪亲属上学

8. 过去一年内，您出行选择的最频繁的交通方式是？[单选题]

○普速旅客列车　　○高速列车

○民航　　○长途大巴

9. 您未选择高速铁路出行的主要原因是？[多选题]

□目的地或出发地无高铁车站 □票价太高 □车次时间与行程难协调

□长途高速铁路旅行时间过长 □一票难求 □其他______

10. 您选择高速铁路作为主要出行方式，看重的是？[排序题，请在中括号内依次填入数字]

[ ]准点率高 [ ]平稳舒适 [ ]速度快、缩短旅行时间

[ ]频率高、选择多 [ ]具有性价比(价格合理) [ ]安全性强

11. 您对高速铁路的接受程度是？[矩阵量表题]

	不接受	不太接受	一般	比较接受	完全接受
总体	○	○	○	○	○
票价	○	○	○	○	○
频率	○	○	○	○	○
服务	○	○	○	○	○
旅行时长	○	○	○	○	○
准点率	○	○	○	○	○
节假日等高峰时期“抢票难”	○	○	○	○	○

12. 下列高速铁路的改变，哪个最可能导致您对高速铁路接受程度上升？[单选题]

○票价适度下降 ○频率提高 ○缓解一票难求

○提升配套服务 ○做好与市中心的交通接驳 ○其他______

13. 总时长 4 h 的长途旅行，您愿意为缩短 1 h 抵达目的地多花费多少钱？[单选题]

○20 元及以下 ○21～40 元 ○41～60 元

○61～80 元 ○81～100 元 ○100 元以上

14. 总时长 8 h 的长途旅行，您愿意为缩短 2 h 抵达目的地多花费多少钱？[单选题]

○40 元及以下 ○41～80 元 ○81～120 元

○121～160 元 ○161～200 元 ○201 元及以上

15. 您有没有听闻过普速铁路或者民航被高速铁路“挤垮”，而导致乘客不得不选择高速铁路出行的“被高铁”现象？[单选题]

○是 ○否

16. 您是否亲身经历过“被高铁”(想要搭乘其他交通方式，但区段内只有高速铁路提供运输服务)？[单选题]

○是 ○否

17. 假定您遭受到了“被高铁”现象，您会选择？[单选题]

○喜欢乘坐高速列车 ○适应乘坐高速列车

○坚决呼吁原普速旅客列车恢复运营 ○选乘其他交通方式

○无所谓

18. 在高速铁路通车后,出现了很多普速旅客列车停开或调整时间、频率的现象,对此您的福利水平是怎样变化的?[单选题]

○严重受损　　○受损　　○一般　　○获益　　○非常获益

高速铁路基础研究与技术创新丛书

第一期(16册)

(一)基础理论与基础技术系列

高速铁路散体道床宏细观力学行为 赵春发 翟婉明 张 徐 著

ISBN 978-7-113-28857-0

高速铁路线路系统动力学 龙许友 时 瑾 王英杰 编著

ISBN 978-7-113-28997-3

高速铁路弓网关系研究 韩通新 著

ISBN 978-7-113-28941-6

(二)动车组系列

高速列车轻量化设计 李 明 伊召锋 米莉艳 等编著

ISBN 978-7-113-28972-0

(三)供电系列

高速铁路受电弓 韩通新 编著

ISBN 978-7-113-28975-1

高速铁路接触网检测技术 韩通新 著

ISBN 978-7-113-28961-4

(四)工程设计系列

高速铁路桥梁抗震设计 陈兴冲 张永亮 编著

ISBN 978-7-113-28964-5

高速铁路轨道工程 BIM 正向设计软件开发与实践 姚 力 刘大园 董凤翔 等编著

ISBN 978-7-113-28934-8

(五)工程施工与组织系列

高速铁路桥梁 BIM 技术研究与实践 盛黎明 苏 伟 刘延宏 宋树峰 编著

ISBN 978-7-113-28938-6

高速铁路岩溶路基边坡变形与稳定 白明洲 师 海 田 岗 等编著

ISBN 978-7-113-28880-8

高速铁路工程地质灾害超前预报图形判别和解译　　李　忠　郝娜娜　等编著

ISBN 978-7-113-28935-5

(六)通信与列控系列

高速铁路宽带无线信道测量与建模技术　　周　涛　何睿斯　艾　渤　编著

ISBN 978-7-113-28930-0

(七)测量与检测系列

(八)高铁运营与经济系列

高速铁路社会效益研究——基于时空经济分析　　李红昌　夏璇璇　著

ISBN 978-7-113-28942-3

(九)现代信息技术系列

高速铁路物联网技术　　史天运　孙　鹏　张惟皎　陈瑞凤　编著

ISBN 978-7-113-29029-0

(十)安全·健康·维护系列

高速铁路道砟飞溅机理及防治　　高　亮　石顺伟　殷　浩　著

ISBN 978-7-113-28906-5

高速列车多目标均衡综合节能技术　　张　雷　李　明　司志强　等编著

ISBN 978-7-113-28976-8